U0070441

奇蹟課程釋義

學員練習手冊 行旅

Journey through the Workbook of A Course in Miracles

第二冊（41 ～ 70 課）

肯尼斯．霍布尼克博士（Kenneth Wapnick, Ph.D.）◎著

若　水◎譯

奇蹟課程基金會授權出版

若水致謝詞

〈學員練習手冊行旅〉第二冊能連同第一冊順利出版，在此要特別感謝協助小組的幾位成員：李泰運，彭桂華，林姸蓁，江智恩，以及奇蹟資訊中心總編李安生與黃真真。這部〈學員練習手冊行旅〉中文版的一字一句，能夠逐漸成形，連綴彙整為一篇篇的課文，陸續建構成冊，可謂融合了他們每一位的點滴心血；值此出版前夕，我謹代表所有讀者，對他們致上由衷的謝意。

目　次

第四十一課

不論我往何處，上主與我同行

這句話顯然是個天大的喜訊。然而，無需分說，此處絕對不是指一位有形可見的神明會伴我同行——就像電影《學生王子》裡頭的歌詞「與神同行」一樣。耶穌要說的是，上主的記憶就在我們心中，而心靈即是聖靈的家園，這個記憶當然永遠與我們同在。為此，不論我往何處，上主必然與我同行。只要一課一課讀下去，這個觀念會愈來愈顯得自然而然。

(1) 今天的觀念遲早會幫所有分裂的生命克服孤獨及被棄感。分裂的感覺必會導致心情沮喪。還會讓人產生焦慮、擔憂、極深的無助感、不幸、痛苦，以及對失落的強烈恐懼。

本段再次暗示了「因果」這個重要主題。雖然耶穌並未明言，但此處的說法顯然已反映出《奇蹟課程》的因果觀念。所有的問題都是同一回事，因為它們源自同一個「因」——天人分裂的信念。而這個錯誤信念必會引發擔心、沮喪、煩惱、痛苦以及失落的恐懼等等的「果」。我先前解釋過，世界形成的原委，正是構成人間所有痛苦的肇因，而這些痛苦的目的其實是想遮掩那個真正的原因。小我十分擅長掩飾真相，刻意讓我們自以為知道不快樂的所有原因，其實就是不讓我們看見心靈自甘與罪咎認同的那個決定。

之所以說「不論我往何處，上主與我同行」，因為祂就在我心內，這正表示我並未背離祂，祂也從未遺棄我，我既消滅不了祂，更不曾與祂分裂。只要我真正接受這一救贖真理，是不可能消沉、孤獨、焦慮或恐懼的，因為這些情緒全都源於「咎」，若無分裂信念的支撐，它們便無以存在。只需覺察自己內心的焦慮、煩惱，以及不快樂的事實，便知道自己是否已經相信分裂了。正因如此，我們才再三強調，切莫掩飾自己的負面感受，否則我們根本沒有轉變的機會。我們必須先意識到自己的不安和絕望，繼而明白那純然是因為「我們認為自己已經消滅了上主，故祂不可能與我同行」這個妄念所造成的結果，我們才可能改變那有罪之念背後隱藏的決定。

我們需要學習認錯，真心做個開心認錯的快樂學徒，因為愈想證明自己是對的，就愈不快樂（T-29.VII.1:9）。這個觀念不論重複幾次都不為過。一個人如果老是想證明自己是對的，就絕對不可能快樂的。就算今天如願了，但我氣沖沖地從他人盜取來的那個「對」（「對」字也可換成「純潔無罪」），必定會被對方不擇手段地搶回去的。當然，說到究竟，只有深知「不論我往何處，上主與我同行」，才是人間唯一「對」的事；這一真知意味著我們再也不會聽信小我那一套謊言了。我們**從未**與上主分裂，只因我們根本**無此**能耐。

(2:1~2) 分裂的人發明過許多「偏方」，專治他們心中認定的「世界痼疾」。他們唯一不願做的即是質詢問題的真相。

「世界痼疾」四個字加上引號，表示根本沒有「世界痼疾」這一回事。世界既然不存在，它又怎麼可能生病？它頂多只是一種病態之念而已。「偏方」也放在引號裡，因為一個根本不存在的問題談何療癒？真正的問題出在分裂，若認不清「分裂之念」才是一切問題的起因，我們豈有質疑它甚至改變它的可能？小我千方百計要我們相信分裂真的發生了，而且我們若敢正視這個恐怖的念頭，便會死無葬身之地。耶穌在〈正文〉曾經如此描述：

> 小我高聲命你不要往內去看，否則你會親眼照見自己的罪而遭天打雷劈，以致失明。你相信了它的話，故從不往心裡去看。（T-21.IV.2:3~4）

正因心靈乃是分裂之念窩藏之地，故小我慫恿我們趕緊逃離心靈，還要築起重重高牆，層層防禦，如此一來，我們便把全部的精力都綁在世界及身體上頭，再也沒有機會質疑「我與上主是兩個不同的生命」那個妄念的真實性了。只要活在「失心狀態」一天，我們是不可能「質詢問題的真相」的，只因問題的根源始終都深鎖在**心靈**內。

(2:3) **問題本身如果不是真的，那麼它的後遺症自然無藥可救了。**

不論我們多麼努力解決個人現實生活或世界的問題，永遠不會真正如願以償的。縱然症狀可能暫時消失，但我們依舊相信問題之「因」真實無比。這個信念不扭轉，罪咎之因便會繼續衍生症狀（此即佛洛伊德的「症狀替代symptom substitution」），不斷加害我們。症狀所導致的痛苦不僅讓我們應接不暇，更糟的是，它遮蔽了症狀背後的起因，等於給了小我大展身手的機會。直到我們受夠了而喊出：「應該另有出路才對！」那位神聖導師才可能越過問題的「果」而直指其「因」，一切才終於有了轉機。

(2:4~5) **今天的觀念能幫你永遠根除這類愚昧之舉。不論那些後遺症看起來多麼悲慘嚴重，依舊愚昧無比。**

請留意，耶穌在此只說「愚昧無比」，而並未使用「有罪」之類的字眼，這和〈正文〉「夢中英雄」那一節的口吻如出一轍。他說，問題不過出在我們對這小小瘋狂一念忘了一笑置之罷了，他又說，聖靈對我們操心掛慮的事也只會哂然一笑。那絕非嘲笑，只是溫柔的諒解，因為祂知道那些煩惱都不是真的。這類論點在整部課程可謂比比皆是，其中，又以下面這一段最具代表性：

> 聖靈看得見真正的起因，祂只會輕輕一笑，毫不在意那些後果。除此之外，祂還能如何為存心罔顧起因的你修正這一錯誤？祂要你把每一個可怕的後果都帶到祂面前，與祂一起看看那可笑的起因，再與祂會心一笑即可。你最愛評判後果，祂只評判問題的起因。祂的評判能為你解除一切後果。你也許會垂淚而來，但一聽見祂說：「我的弟兄，上主的聖子，看看你這無聊的夢吧！這一切只可能發生於夢中。」你就會破涕為笑，並且與弟兄和祂一起笑著走出那神聖的一刻。（T-27.VIII.9）

到了〈練習手冊〉的後面，我們還會深入探討「玩具」的比喻，這一比喻充分道出那看來好似滔天的大罪，其實只是企圖遮掩那個愚昧無比的內涵而已。

(3) 在你心靈的深處，一切都是完美無缺的，光明隨時都能透過你而照亮世界。它會治癒一切哀傷、痛苦、恐懼及失落，因為它要治癒的，正是那誤把這一切當真，且與之沆瀣一氣而吃盡苦頭的心靈。

如果我真正知道上主與我同行，祂的愛透過聖靈永遠與我同在，必會恍然大悟自己所信或所見那一套不可能真的。這時，我最深的恐懼會再度浮現：如果我的所信或所見毫不真實，表示**我**也不可能是真的。為此，我才會下意識地死抓著「罪咎即天堂」的信念不放，因為它能證明我心目中的「我」是存在的。

(4) 沒有人能夠奪走你完美而神聖的本質，因為不論你往何處，它的神聖源頭都與你同行。你絕不會受苦，因為不論你往何處，那喜樂之源都與你同行。你也絕不會落單，因為不論你往何處，一切生命之源都與你同行。沒有一物毀得掉你心中的平安，因為不論你往何處去，上主都與你同行。

耶穌希望我們好好正視自己是如何冥頑不靈地想要證明他這套說法有誤，而我們所堅信的那一套才是真的。我們最常用的伎倆就是證明世界如此無情、充滿了敵意，而且罪孽深重；或者證明**我們自己**如此無情、充滿了敵意，而且罪孽深重。兩者其實都是同一回事。如果我們真敢正視自己在現實生活以何種方式堅持自己的看法才是對的，又如何存心抵制耶穌所說的真相，我們的修持必會漸入佳境。修行的另一關鍵就是看清自己其實並不相信耶穌這些說法。下一段課文會為我們點出這個問題。

在進入下一段之前，我還要再提醒一下，如果我們真的相信前段課文的感人描述，我們的罪咎便找不到發洩的出口，只好繼續藏身在心靈裡，於是，小我會趁機恐嚇，報復之神絕不會罷手，一定會讓我們死無葬身之地的。我們之所以老是**向外**投射痛苦及不幸，就是為了掩飾**內心**這個恐怖之念。為了保護自己不受此念的折磨，我們不能不設法抵制耶穌這段安撫人心的話。

(5:1~2) **我們了解你根本就不相信這一套。你怎麼可能相信？真理深埋在層層神智不清的念頭下，你所看見的只是那遮蔽眼目的濃密烏雲而已。**

只要我們仍然相信有一個「我」正在讀這段課文，怎麼可能了解耶穌話語中的深意？如果我們還把所有精力放在自己的特殊性、個體性，或這個問題那個問題上頭，怎麼可能了解耶穌的用心？如今，我們再次看到自己的瘋狂念頭所導致的瘋狂知見背後的真正目的了，它們存心讓我們看不到真相，使我們難以從充滿恐懼、仇恨與痛苦的小我思想體系脫身。

(5:3) **今天，我們才真正開始嘗試穿越這陰森濃密的烏雲，伸向雲層之上的光明之境。**

這句話的寓意所在，耶穌即是引領我們穿越烏雲的那一位。相同的比喻，到了第七十課又會再次重複。耶穌勸我們，切莫暗中否認罪咎、個體性與特殊性這些烏雲，反而要密切注意烏雲的存在。除非穿越烏雲，否則絕不可能抵達光明之境。這些烏雲只會對小我顯得「陰森濃密」，其實，它不過是「懸在光明之前的一片輕薄面紗而已」。下面的引言為我們作了更詳盡生動的描述：

看似真實的罪咎，其實是一種幻相，把自身變得如此

> 沉重、晦暗而讓你看不透，它是小我思想體系的真正基礎。你很難看出罪咎薄弱與透明的一面，除非你著眼於它後面的光明，你才可能看清罪咎不過是懸在光明之前的一片輕薄面紗而已。
>
> 那看起來沉重無比的障礙、堅實如岩的人造地基，好似銅牆鐵壁，其實只是一團低垂的烏雲，擋在陽光前面。它那無法穿透的外表，純粹是個幻相。一遇到高聳的山峰，就會輕輕退讓，絲毫阻擋不了嚮往陽光而決心攀登頂峰的人。它甚至擋不住一粒鈕子掉落，也承受不了一根羽毛。沒有東西能駐留其上，因為它是一個虛幻的地基。你只需伸手輕觸，它就消失了蹤影；你若企圖捕捉它，也一定撲個空。
>
> 你也應當這樣看待罪咎那團烏雲，一眼看穿它的假相，不再把它當成真人實物。你若穿越過去，才不會撞得鼻青臉腫。你內的「嚮導」領你穿越之際，必會同時教你看出烏雲的空無，因為一個光明世界就在它的下面，烏雲無法在那世界投射任何陰影。（T-18.IX.5:2~4;6;8:1~3）

這幾段引文為我們點出罪咎「非實質或虛擬的本質」，這可說是奇蹟理念的靈魂，也是救贖的核心所在。耶穌告訴我們，無需耗費心力去抵制罪咎之念——它其實不存在，故也造不出任何後果。我們可以充分看出，耶穌如何將〈正文〉的深奧道理「藏在」這些看似「簡單」的每日練習中。

下一段開始今天的練習解說，它要我們回到長式練習。這回耶穌直接要求我們進入心內，並且為我們澄清了大腦思維和心靈思維的不同。心靈才是心念的源頭。

(6:1~7:2) **今天只作一次「長式」的練習。如果可能的話，早上一起床，就靜靜地閉起眼睛坐個三、五分鐘。在練習之始，極其緩慢地複誦今天的觀念。試著不想任何事情。盡量越過世俗無謂的念頭而轉向內在。試著進入自己的心靈深處，不受任何雜念的騷擾。**

只要你覺得有所幫助，不妨隨時複誦一下今天的觀念。最重要的是，試著沉潛下去，往內深入，遠離世界以及世上所有的愚昧念頭。

世上的一切不過是一種愚昧的遊戲。或者不如說，相信世間之物能帶給我們痛苦或樂趣，才是真正的愚昧。「沉潛、深入、越過」它們，是指穿越我們對身體的認同而抵達心靈那裡。身體是我們**心目中**一切痛苦與樂趣的淵藪，心靈才是所有感受與想法的唯一源頭。因此，只有回到心靈，我們才可能透過聖靈的臨在體驗到上主；也唯獨回到心靈，我們才可能作出「邀請聖靈來取代小我」的選擇。

下面兩句話乃是借用了柏拉圖的說法，強調有形有相與真理之境的不同。耶穌要我們進入心內，目的就是讓我們意識到這兩個不同層次。

(7:3~4) **你正在努力穿越這一切。你正在努力越過有形有相之物而邁向真理之境。**

耶穌提醒我們好好正視自己心裡非常當真之物，也就是芸芸眾生的世界——我們看到也聽到他們的形體，他們一樣看到並且聽到我們的形體。接著，再跟著耶穌的溫柔指示，看穿那些形相的虛妄本質，然後透過虛幻形相認出它們背後隱藏的小我思想體系，最後才穿越小我，進入聖靈的救贖體系。

(8:1~4) **邁向上主，是可能達到的境界。事實上，它簡單無比，因為這原是世上最自然的事。你甚至可以說，這是世間唯一自然的事。只要你相信自己能夠做到，此路就為你開啟了。**

耶穌並不指望我們全盤接受他的觀念，只要我們稍為相信他所說的「也許」是對的（只是「也許」而已），我們的看法可能錯了，這樣就夠了。如果說，邁向上主是世人的天性，但是世上的每一件事明明都在抵制上主，那就表示世上沒有一物合乎我們的天性，包括了我自己、我的身體、我的個性及個體存在。回歸天鄉全憑我們的**信念**，只要把信念置於聖靈的救贖原則上，因而修正了分裂信念的錯誤，我們便完成了此生的任務。

耶穌接著強調本課的重要性，並且設法為我們打氣，讓我們信心滿滿，繼續接受〈練習手冊〉的心念訓練。底下這一段話只是他一路上不斷為我們加油的幾聲鼓勵而已。

(8:5~9:3) **即使你是初次作此練習，都會帶給你意想不到的結果，你的成功指日可待。往後我們還會詳細地解釋這類練習。它不只不會徒勞無功，還可能帶來立竿見影之效。**

今天不妨多多運用這一觀念，複誦時要很慢，最好閉上眼睛。想一想你所說的話，以及話中的含意。請特別留意一下這話所透露出你的神聖本質，它是永不辜負你的忠實伴侶，也是守護你的安全堡壘。

最後幾句話所指的生命真相藏身於幻相之後，只要我們用心學習，並且具體操練每天的練習，終有一天，這一真相非我們莫屬。

現在進入最後一段：

(10) **你真的大可嘲弄一番那些可怕的念頭，只要你記得，不論你往何處，上主都與你同行。**

耶穌又回到「對小我一笑置之」的主題了，他提醒我們別把小我之念當真。想要培養出這一功夫，我們必須先把自己的恐懼之念帶到上主的愛中；而若要憶起上主的愛，我們又不能不求助於聖靈。請記得，這中間倘若缺了「將幻相帶入真相」的化解過程，我們的「付之一笑」頂多只能說是裝腔作勢，最糟的還可能淪為一種嘲笑或批判。聖靈的一笑如此溫柔，因祂了知表相與實相，幻相與真相，分裂與救贖之別。耶穌在第一百八十七課說，我們可以看著世間的苦難與饑荒而置之一笑，乍聽之下，這種說法頗為聳人聽聞，甚至是犯了人間的大忌。其實，真正的一笑置之並不是嘲笑受苦的人們，而是因為我們已經與聖靈結合，進入正念心境，因而深知那些現象皆是虛幻的，毫無奪走我們的平安和上主之愛的能耐。

第四十二課

上主是我的力量，慧見是祂的恩賜

(1:1~2) 今天的觀念融合了兩個有力的思想，兩個都極其重要。它所點出的因果關係解釋了何以你的努力不會落空，何以你必會完成本課程的目標。

所謂「因果關係」，是指如果我真的知道上主「與我同行」，而且是我的力量，那麼我自然會由祂的聖愛與神聖本質去看待世間的一切。唯有奠基於「我是上主的一部分而且神聖無比」這種念頭，才可能生出基督慧眼。我們都已明白，這種「看」與肉眼無關。夢中的角色在我眼中，若非在表達愛，就是仍在回家的路上，或是因為極度恐懼而對愛發動攻擊。換言之，「因」是指憶起自己的本來真相，「果」則是指由此而生的慧見。所有的人在此慧見之中，不論外表多麼懸殊，都是同一聖子奧體的一部分。

(1:3~5) 你終會明白的，因為那是上主的旨意。賦予你這能力的，是祂的力量，而不是你自己的力量。賦予你這慧見的，是祂的恩賜，並非出於你自己。

耶穌說我們必會如願以償的，也期許我們信任他，因為小我虛幻的力量絕不可能與我們內在力量的源頭相抗衡的。接著，他開始為我們列出這一佳音所帶來的快樂結果：

(2:1~2) 上主確是你的力量，來自祂的，才算真正的恩賜。這意味著，不論身在何處或面對何種環境，你隨時隨地都能領受到它。

心靈乃是上主力量的安止之處，超越了時空的限制，我們**隨時隨地**都能領受到它，它一直都在，只等著我們接受。為此，我們在前文引述過〈正文〉相關的一段話，耶穌告訴我們什麼也不需要做（T-18.VII）；**除了**接納眼前發生的一切以外，什麼都無需做。唯一有待學習的，乃是**解除**小我傳授我們的那一套，不再禁錮天賦予我們的力量，並且重新納為己有。這個過程只可能發生在**心靈**裡，故說一切必然操之於我。不論身在何時何地，面對何種外境，我們隨時都能欣然接受這一力量。

下面幾句話具體論及「時間」這個主題，由於後文還會深入，在此我僅簡單說明。

(2:3~6) 你在時空世界所經歷的種種，絕非偶然。你只會活在你該活的時代，生在你該生的地方。這正是上主的力量。也是

祂的恩賜。

耶穌說，沒有一種經歷是偶然發生的，因為一切全是我們自己編織的夢。小我為我們選擇的人生劇本，目的即是讓我們與生命真相漸行漸遠。然而，只要願意和耶穌一起正視自己的劇本，劇中所上演的一切便會轉而成為我們的教室。凡事沒有偶然，我心目中所認定的眼前這個有形的我，只是心靈的一小部分，這部分的心靈為我選擇的人生及種種經歷，不過是為了鞏固自己的個體性與特殊性罷了。如果我們能與耶穌一起正視此生任何一種經歷，也願意接受他的幫助，便會看出這正是學習寬恕的大好機會，讓我們重新意識到自己的真實身分。如此，我們才會「活在該活的時代，生在該生的地方」，只因不論外在環境如何，我們**隨時隨地**都能夠學到寬恕的功課。

在今天兩次較長的練習裡，耶穌鼓勵我們找出比較容易**安靜下來**的時刻。綜觀這幾課的練習解說，不難看出耶穌在不同時刻強調不同的切入角度，有時焦點置於外在**形式**，有時又強調內心或**內涵**。無庸置疑，他是根據不同的學習程度而因材施教的，如此，才能讓我們明白**因**與**果**，**內涵**與**形式**，**內心**與**外在**是密不可分的：

(3) 今天我們要作兩次三至五分鐘的練習，一次在你初醒之際，另一次在你臨睡之前。然而，最好還是等到你能獨自安靜地坐下，內心比較能夠進入狀況之時，免得你老是操心時間。

耶穌有意幫助我們戒除對練習**形式**的依賴，以免淪為儀式的奴隸。先前曾經討論過〈教師指南〉這段引言，我再引述幾句相關的部分：

> 我們可以提供一些基本原則，只是當事人必須衡量自己的狀況量力而為。若把它們當成例行公事，反而容易引發問題，因為它們很容易變為天條或偶像，而傷及原先設定這些原則的真正用意。……這是一部相當具體務實的課程。……時間的長短並不重要。一個人可能放鬆地閉著眼睛靜坐一個小時卻一無所得。一個人也能同樣輕鬆地騰出片刻的時間，卻在那一刻中全然結合於上主之內。（M-16.2:4~5;4:1,4~6）

我們與聖靈相處的時光應重**質**不重**量**，後文還會回到這個重要的觀念。

第四段則是在練習與當天主題相關的個人私念：

(4) 練習之初，先慢慢複誦一遍今天的觀念，同時張開你的眼睛環顧一下四周。然後再閉起眼睛，比先前更慢地複誦這一觀念。此後，盡量不要想任何事情，只讓與當天相關的念頭自行浮現。例如，你不妨這樣想：

慧見一定可能存在。上主的恩賜真實不虛。

或是：

上主給我的禮物，非我莫屬，因為祂已賜給了我。

此處又看到耶穌再三耳提面命，要我們把**自己的**想法帶入**他的**想法裡，練習讓自己的念頭逐漸融入他那洋溢著寬恕和平安的慧見裡。

到了第五段，耶穌不再像以前那樣強調積極省察心念了，他開始要我們安靜下來，不再追逐那些念頭，只需讓他的想法在我們心中自然浮現即可。

(5) **只要是與今天的觀念顯然有關的念頭，都適於練習。實際上，你也許會驚訝，你的想法中竟有這麼多符合本課程的認知。讓它們一一浮現，你不必監控，除非你發覺自己已分心了，或讓根本無關的念頭侵入了。有時候你的腦子好似一片空白。一旦受到這些干擾，不妨張開你的眼睛，緩緩地環顧四周，同時複誦一下今天的觀念；然後閉上眼睛，再複誦一次，繼續回到心中搜尋相關的念頭。**

萬一腦子一片空白，沒有任何東西「浮現」，這位慈愛的老師在下一段鼓勵我們主動一點，繼續搜尋下去。但請注意，重點並**不在於**找出什麼念頭，而是放下自己的操控，接受耶穌的指引。〈正文〉有一段與此相映成趣的說法：

> 生活中無關緊要的事不妨交給我來處理；至於重要的事情，我需要你的同意，才能為你指點迷津。……只要你肯把自己的想法交託給我，我自然會為你指點迷津。（T-2.VI.1:3;2:9）

(6:1) 今天，請記住，當你努力搜尋相關念頭時，無需過度積極。

耶穌顯然在說，我們無需刻意四處尋求上主，只要能透過〈練習手冊〉前面幾課的練習，放掉負面的想法，愛的念頭自然會在騰出來的空白處浮現。故說：

(6:2~3) 只需試著退後一步，讓念頭自行浮現。你若感到有些困難，那麼練習時，不妨先張開眼睛，慢慢複誦觀念，然後再閉起眼睛複誦，這樣交替練習會比勉強擠出一些合適的念頭要好得多。

我想補充一點。究竟來說，那些念頭並非自動浮現，而是我們主動去**追尋出來的**。當初，正是我們心內的抉擇者決心放棄救贖之念而代之以分裂之念，如今，同一抉擇者必須重新選擇回歸救贖之念——雖然，在感覺上好似救贖這類念頭是自行在我們心中浮現的。這樣的過程，充分反映出耶穌的教學如此溫柔，絲毫不帶脅迫意味，這正是本課想讓我們體驗到的重點。

(7) 今天的「短式」練習不限制次數，它們對你的助益頗大。這個觀念只是幫你集中心思的第一步，它教你看出，你目前所學的這一套思想體系，不只前後一貫，還能自成一家之言，其間沒有任何矛盾或贅詞。

耶穌在其他很多地方都提到這一點，這個課程提供我們所需要的一切，無需再四處求道了。我們一旦決心以《奇蹟課程》為自己的靈修之路，倘若又去修習其他功夫，只會徒增混淆。下面這一段話是耶穌當年針對海倫說的，其實也是給予**所有**奇蹟學員的肺腑之言：

> 如果你還堅持採用他人推薦的特效方法，漠視這專門為你打造的法門，表示你沒有善用我們的課程。
> （T-18.VII.6:5）

這部課程提供的法門，包含了所有能夠幫助我們化解小我、憶起自己本來面目的一切教法。如果堅持「採用他人推薦的特效方法」，不過反映出我們仍在抗拒《課程》——逃避將它的寬恕當作自己的靈修之路罷了。

(8) 今天，你複誦這觀念的次數愈多，就等於愈肯定本課程的目標對你的重要性，也顯示了你銘記不忘的用心。

我們必須時時刻刻意識到，不論自己多麼害怕，心中有一部分仍舊想要學習《課程》的教誨，也知道它的目標攸關自己最大的幸福。儘管我們還會想盡辦法用罪咎之雲遮掩這個目標，但我們仍有正念之心，始終記得自己的目標就是回家。《奇蹟課程》加上耶穌這位良師益友，成了幫助我們完成終極目標彌足珍貴的助緣。

第四十三課

上主是我的生命根源，離開祂，我便一無所見

進入本課之前，我先用一張圖表幫助大家深入以下幾課的要旨。由於這幾課是「由下而上」描繪心靈結構，故我將以前常用的「由上而下」之圖表修改如下：

<table>
<tr><td rowspan="3">抉擇者 ●　　知見領域</td><td>世界／身體</td></tr>
<tr><td>小我（妄念之境／虛妄之念）</td></tr>
<tr><td>聖靈（正念之境／真實之念）</td></tr>
<tr><td>真知</td><td>上主／真實之念</td></tr>
</table>

最底層是**上主、一體心境**，也是心靈實相所在之處，統稱為**真知**。凡是與上主一致的思維（也就是我們的真實念頭），都屬於這個領域。它們不具任何形式，書中有時描繪為永恆的

生命，有時則稱為真愛、上主旨意，以及一體造化。

從這張圖表可以看到分裂之境位於上主層次的上方，由聖靈所在的正念之境開始往上推衍。耶穌在這幾課中，不再把真實之念區分為屬於正念之境或屬於一體心境兩種。這又是一個很好的實例，顯示出我們無需將《奇蹟課程》當成一部定義嚴謹的科學論文看待。耶穌在遣詞用字上較為隨興，而且較之於〈正文〉，〈練習手冊〉尤其如此。因此，若要精確一點來說，正念思維可說是我們真實之念的**倒影**。總而言之，這幾課的目的是要告訴我們，真實之念包括了聖靈為我們保存於正念之境中的真實之念，以及一體心境裡的上主聖念。

請繼續看圖表。在聖靈層次上面是**妄念之境，**屬於**小我**的領域，我們的虛妄念頭都隱藏於此。這些念頭投射出去，形成了這個大千世界，供我們的身體存活其間。

由這張圖表可看出**正念之境**與**妄念之境**都屬於知見領域，而小我的虛妄知見只能在正念之境得到修正，所依靠的即是〈正文〉裡所謂的**真實知見**。正念之心、妄念之心，以及投射出來的世界，全都屬於分裂之境，這一切構成了我們的「知見領域」，它與「真知」（即基督自性的家園）可說是涇渭分明。下文馬上就會提到。

我們會在隨後幾課看到耶穌如何一步一步引領我們往心靈深處走，越過**外在知見**世界，再穿越引發那些知見的**小我虛妄**

之念，而進入聖靈的**真實之念**。這些已經被修正的念頭最後會慢慢消融於**上主聖念**裡。

圖表講解到此，現在讓我們開始第四十三課：

(1) 知見不屬於上主的境界。真知才屬於祂的領域。然而，祂創造了聖靈，作為知見與真知之間的唯一中介。你與上主之間若非還有這一道連結，知見恐怕早就篡奪了你心中的真知了。因著你與上主的這道連結，知見才得以轉變及淨化，逐漸導向真知之境。那正是知見在聖靈眼中的作用。因此，那也是它在真理內的功能。

無庸置疑，知見基本上是為了打擊上主而形成的（W-PII.三. 2:1~5），它鞏固了我們對分裂與個體性的信念。它的初衷顯然想與真知相抗衡，縱然如此，仍可轉用於另一目的。〈正文〉「特殊的任務」那一節揭示了改變任務或目的一個清晰含意：我們為了傷害所造的一切，聖靈卻能將它轉為療癒的工具（T-25.VI.4）。特殊性屬於知見領域，它原是為了傷害或分裂我們而衍生的，然而，一旦改換為聖靈的眼光，它立即變成了寬恕的機會。凡是小我為了與上主分庭抗禮或是分裂彼此而想出或做出來的一切，只要我們肯向耶穌求助，全都可以轉變為寬恕的工具。改換目的乃是寬恕的基石，聖靈藉著它賦予我們此生一個新的目的。

我在研習裡不時提到《奇蹟課程》是根據兩個層次架構而

成的，這一段課文便是明顯的佐證。第一層次反映的是《課程》的形上原則：**唯有上主的存在真實不虛，其他一切毫不真實，純屬幻相**。〈正文〉開宗明義之言尤為一例：

> 凡是真實的，不受任何威脅；
> 凡是不真實的，根本不存在。（T-in.2:2~3）

「真假之分」乃是奇蹟教誨裡頭最重要的觀念。本段的前兩句所陳述的即是「第一層次」的角度：整個知見世界都是幻相，它不僅指我們有目共睹的世界，還包括了我們**自認為**看到世界的這種知見。分裂的心靈則包括了我們種種的分裂念頭、反映這些念頭的世界，以及聖靈的修正方案，三者全都虛幻不實。分裂的心靈既不可能是上主生命本質的一部分，也不可能屬於圓滿無缺的一體生命，所以它永遠不可能真的存在。換個說法，分裂之心所包含的一切既非上主的一部分，故必然存在於上主之外；但既然沒有「上主之外」這回事，表示它們根本沒有存在的餘地。推到究竟，唯有真知之境才真實存在。

「第二層次」**純粹**是指幻相層次，含有相對的兩類知見，一是充滿分裂與特殊性的小我妄見，另一則是已受聖靈修正而且洋溢著寬恕與療癒的正見。對我們而言，第二層次切身得多，也是《奇蹟課程》所要處理的層次——**針對我們自以為所在的處境**（T-25.I.7:4），也就是形體世界。總之，幻相世界分為兩種知見領域，就是小我的錯誤知見，以及業經聖靈修正的真實知見。

本段第三句可說是由第一層次到第二層次的過渡。我們不妨將聖靈理解為「分裂的心靈內猶記得真理的那一部分」，故聖靈的定義乃是：當我們陷入昏睡之際，一併帶入夢鄉的上主之愛的記憶。請注意，這僅是一種比喻的說法，其實，我們在那原初之際並非真的睡著了。耶穌在《奇蹟課程》使用種種象徵手法來比喻真理實相，在此，我們只是仿效耶穌，故也免不了有「雙重之隔」的遺憾（M-21.1:9~10）。聖靈代表著我們的正念思維，傳遞的是救贖原則，成為妄造的**虛幻**世界與天堂的**真實**境界之間的媒介或橋樑。聖靈的思維其實就反映在我們的寬恕言行當中，推到究竟，它們反映的其實是我們心內之愛的真實之念。

總結一句，絕對一體不二之境才是真理實相，而寬恕原則是我們在虛幻的現實世界中具體的人生指南；這兩個層次整合起來，構成了《奇蹟課程》在靈修領域獨樹一幟的風格，特別貼合現代人的心態。

(2:1~2) **在上主內，你沒有看的能力。知見在上主內毫無作用可言，等於不存在。**

我常常看到奇蹟學員拐彎抹角地想證明《課程》說上主**真的**創造了世界，而且這世界還無比神聖，祂所沒有創造的，僅是我們**妄見**中那個世界而已。要明白，這種論點**絕非**耶穌的教導。本句課文說得一清二楚：「在上主內，你沒有看的能力。」因為看見本身影射了二元，有觀者與所觀。因此，知見領域必在上主之外，與「你的生命不再屬於眼前所見的一切了」（W-151.12:1）意思完全相同。總之，我們認為自己能夠**看見**身外之物，這就恰恰證明了**看見**本身不可能是真實的。二元與一元，知見與真知，是兩種無法並存的境界。唯有靈性才算是真實生命，完全超乎「主/客」或「觀者/所觀」的二元領域之外。為此，耶穌在〈正文〉才會如此描述第一層次：

> 天堂之外沒有生命可言。上主在何處創造了生命，生命就只可能存在那裡。活在天堂之外的生命全是幻相。（T-23.II.19:1~3）

(2:3) **但知見在救恩內卻具有極大的功能，因救恩乃是在化解那根本就不存在之物。**

這一句話涵括了第一層次和第二層次，「化解那根本就不存在之物」說的就是第一層次「分裂不曾發生過」之論。然而，只要我們還相信自己活在夢幻世界裡，在夢中反映上主之愛的聖靈便有了存在的目的及任務——如我們所知的寬恕；《奇蹟課程》整個「第二層次」就是圍繞著寬恕的主軸架構出來的。

(2:4~6) **知見雖是上主之子為了不聖潔的目的而妄造出來的，卻也是他重新覺醒於自己神聖本質不可或缺的工具。知見本身不具任何意義。然而，聖靈卻賜給它一個貼近於上主的意義。**

這一段與〈練習手冊〉最前面那幾課相互呼應，重申耶穌的教誨：世上一切毫無意義，因為它們的意義全是我們賦予的，目的不過是要證明耶穌那一套錯了，自己的看法才是對的，而且分裂乃是有目共睹的事實。然而，只要我們一開始向耶穌求助，所有的知見頓時產生了意義，雖然這意義仍不屬實相層次，但至少是建立於實相的基礎上。換句話說，知見具備了正念的內涵，成了真理的倒影；它雖非真理本身，卻足以反映出「我們在上主內是同一生命、分裂只是無聊的一場夢」這個真相。真理投在夢境中的倒影即是：**我們是身負共同目的與共同需求的同一生命**，只因我們擁有同樣的小我。

請時時刻刻記得，聖子奧體是一個生命，在天堂就是基督（一體心境），在人間就是小我（分裂之心），這一點對我們的修持大有幫助。為此，聖子奧體內看似支離破碎的每一部分，都具有整套的小我妄念體系，充滿了分裂與判斷，**同時**也具有完整的聖靈正念體系，洋溢著合一與寬恕。也因此，可以這麼說，我們全都擁有神智失常的一面，活得支離破碎，罪孽深重，同時也擁有神智清明的寬恕，反映出天堂一體光明的生命。由此可知，真實知見之所以具有意義，絕不可能是小我賦予的。因此，能夠分辨自己分裂心靈中的兩種不同聲音，是如此的關鍵，也是〈練習手冊〉的首要目標。

(2:7) **知見一被治癒，便成了上主之子寬恕他弟兄因而寬恕了他自己的工具。**

這一段教誨極其重要，也是《奇蹟課程》的一個核心觀念，但在此處，我暫時不細述，留待後文再作發揮。其實，〈正文〉也不乏類似的教誨，例如：

> 把你弟兄的療癒視為自己的療癒吧，這是憶起上主唯一的方法。由於你早已把弟兄和祂一塊兒忘了，上主答覆你的「遺忘」的方法，就是幫你恢復記憶。（T-12.II.2:9~10）

藉由寬恕弟兄而寬恕自己，這就是救贖原則在人間的倒影，重申分裂不曾發生過的事實。上主之子的一體性，無人可動它分毫，唯有寬恕你，我才會認出我們共有的人生目的。我們以為發生的事，其實不曾發生過；我們仍是上主所創造的唯一聖子，不只與自身也和生命的終極源頭始終一體不分。

(3:1~2) **離開上主，你一無所見，因為你根本不可能與上主分開。不論你做什麼，都是在祂內做出來的；因為不論你想什麼，也是在天心內想出來的。**

耶穌在此專指正念心境中的看見、作為與思維，因為小我的看見、作為與思維都是攻擊上主之舉，目的是要與上主繼續分裂下去。為此，在正念層次，一離開上主，我們便一無所見。若想看到弟兄的清白無罪，我們不能不向耶穌和聖靈求助。所謂求助，不過是說：「我寧願證明自己是錯的；我的想法若是錯的，上主那一套才可能是對的。」在真理之境，上主一無所見，因為在天堂中沒什麼可看的，但在夢境裡仍會看到真理的倒影，也就是慧見，因慧見乃是建立在上主實相的基礎上的。

(3:3) 如果慧見是真實不虛的，而且它的真實程度端賴它分享聖靈目標的程度而定；那麼，離開了上主，你自然就一無所見。

耶穌再次明言指出，慧見並非真實存在，最多只能說是反映一體實相之倒影而已。反映實相，成了聖靈的目標，也是寬恕的真諦。一旦完成這一任務，**慧見**便失去存在的必要，它虛幻的本質會令它自然遁形而去。此處所謂的「真實」，屬於慧見層次，近似於耶穌口中的真實世界那種「真實」，一如這段引文：

> 這是旅途的終點。我們稱之為「真實世界」。然而，這個名稱有自相矛盾之嫌，它好似影射了一個有限的真相、片面的真理，好像在說這個宇宙只有一部分是真的。這是因為真知從不打壓知見。（T-26.III.3:1~4）

真實世界的**真實**程度只限於**倒影**的層次，是指天堂實相（或一體聖子）反映在心靈內的程度。它最多只能算是一種修正的幻相，即使是最**終極**的修正，仍不出幻相領域。

第四到第六段的提示與前文一樣，都是強調我們的所見以及所想，在本質上**是同一回事**。

(4) 今天你需要正式地練習三次，每次五分鐘，一次愈早愈好，一次愈晚愈好。第三次則可在最方便且合適的時候進行，也就是外在環境及你的心境許可之際。開始練習時，張開眼睛向自己複誦今天的觀念。然後環顧四周一會兒，把這觀念具體套用在你所見的每一物上。每次練習採取四、五個對象就夠了。例如，你可以這樣說：

上主是我的生命根源。離開祂，我無法看見這張桌子。

上主是我的生命根源。離開祂，我無法看見那幅畫像。

耶穌再次叮嚀我們，把今天的觀念具體套用在現實生活中。唯有如此，我們才會體驗到幻相沒有層次之分，因所有的問題都是同一回事；因此奇蹟也無難易之分，故所有的解決方法也是同一回事。正如第八十課所言：「一個問題，一種解決。」（W-80.1:5）

(5) 雖然這一部分的練習應該簡短一點，但切記，在取材練習時，務必一視同仁，不要擅自挑選或排斥。後半段的練習比較長；閉起你的眼睛，再次複誦今天的觀念，然後，讓相關的念頭由心裡自然浮現，為今天的主題增添一些你個人的觀點。譬如：

我要透過寬恕之眼來看。

我眼中的世界是蒙受祝福的。

世界能幫我認識自己。

我看見自己的想法，與上主的相似。

只要直接與今天的觀念有一點關聯的念頭，均可採用。雖然念頭無需與這觀念有直接的關聯性，但也不宜與它相反。

上述的練習方法會幫助我們憶起自己確實具有正念之心，故也應該備有正念的眼光才對。認出自己心內的正念非常重要，唯有如此，每當我們的心思落入小我的判斷時，便成了我們最好的比照對象。這一對比，等於將判斷帶入了慧見，給予我們一個作正確選擇的機會，領悟出我們真的是蒙受祝福的上主之子。

(6) 你若發現自己開始分心了，或發現某些念頭分明與今天的觀念不一致，或者你好似想不出任何東西時，不妨張開眼睛，重作前半段的練習，然後再試著回到後半段。不要把練習拖得太長，以免在無關的雜念裡打轉。必要時，不妨隨時返回練習的前半段。

這是我最常引用的一段引言：

> 你過於放縱自己雜念紛飛，任憑心靈妄自造作〔即你的種種投射〕。（T-2.VI.4:6）

在本課中，耶穌沿襲〈正文〉的精神，叮囑我們要對自己的小我念頭更加提高警覺。要知道，這些念頭並非不請自來的，它們都是小我為了阻止我們完成練習的目標而設計的抵制伎倆。小我最不樂見的，莫過於我們慢慢學會去質疑它那一套分裂、判斷與特殊性的思想體系了。

(7) 今天「短式」練習的形式，可以隨著當時的處境與事件而自行調整。例如，當你與某人會晤時，試著記得默默地對他說：

上主是我的生命根源。離開祂，我就無法看見你。

這一練習可以同樣地運用在陌生人或是你的親人密友身上。其實，若能不作此分別，更好。

這裡又回到我先前反覆強調的一個重點，耶穌有意幫助我們把他的教誨普遍套用到**所有的**事件。如果我們只練習套用在**此事**上，於**彼事**則否，成效便大打折扣，甚至抹殺了這一路所學習的功夫。耶穌特別提醒我們勿做親疏之分，這一刀就刺進了小我「特殊關係」的心臟。他又一本〈正文〉的精神，呼籲我們早日化解自己的特殊性，因為**所有的**人都是聖子奧體的一部分，**絕無例外**，一如〈正文〉所言：

> 上主是大公無私的。祂每一個兒女都享有祂全部的愛，祂平白施予每一位同樣的禮物。……上主之子的「特殊」之處在於它的包容性，而非排他性。我每一位弟兄都是特殊的。（T-1.V.3:2~3,5~6）

在**形式**層次，我們當然不可能和每一個人都建立起同等親密的關係，但是，如果我們真的有心選擇愛作為自己的生命真相，自然不會將任何一人**排除**於此愛之外。如此，我們便從小我所著眼的**形式**脫身而轉向**內涵**的層次了。

(8) 這觀念也應套用在今天可能發生的任何場景及事件上，尤其是那些好似常惹你心煩的事情。你不妨採用下面的格式：

> **上主是我的生命根源。離開祂，我就無法看清這件事情。**

耶穌再度重申隨時儆醒的重要。只要一起煩惱之念，不論大小輕重，也不管我們認為誰是加害者，立刻向聖靈求助：「我心裡有些不安了，請給我另一種眼光來看待此事。」〈正文〉第五章的最後，耶穌告訴我們，心裡一旦不安要如何排解，而這一串說法擺明了只有我們能為自己的不安負責，那完全不是任何人的責任：

> 我必已作了錯誤的決定，因為我沒有活在平安中。
> 既然是我自己作的決定，我也能作出另一種選擇。
> 我願意作出另一種決定，因為我要活在平安中。
> 我無需感到內疚，因為只要我給聖靈機會，祂就會化解那錯誤決定所帶來的一切後果。
> 我決心放手，讓祂為我「選擇上主」。
> （T-5.VII.6:7~11）

投射的防衛伎倆就這麼化解了，我們把責任交還給內在的那位抉擇者。

本課最後，耶穌作了一個結語：

(9) 你若想不出任何具體的對象，只需複誦這觀念的原有形式即可。今天試著不要忘卻這個觀念太久，你才會憶起自己在世的任務。

耶穌這麼說，顯然是不希望我們感到內疚。他只提醒一下，我們作這個練習，既然是想學習《奇蹟課程》的教誨，那麼，練習時便不能不警覺小我的妄作。我們在前面已經屢屢看到，隨後還會不時看到，耶穌勸勉我們敏銳覺察自己內心生出的抗拒。唯有如此儆醒，才能不受困於恐懼而作出新的選擇。

第四十四課

上主是我賴以看見的光明

耶穌繼續他的「第一層次」論述：只有上主真實不虛，只有上主是光明，其他一切全是黑暗小我的魅影。

(1) 今天我們將繼續發揮昨天的觀念，且推向另一個層面。你無法在黑暗中看見，而你也無法造出光明。你只會製造黑暗，然後以為自己在暗中看見了；但是，只有光明能夠反映生命，因此它是造化的一部分。造化與黑暗是無法並存的，而光明必與生命同在，它們乃是同一造化的不同面向罷了。

無可否認的，我們是如此肯定自己的所見、所思以及所感正確無誤，所以耶穌才會說：「你只會製造黑暗，然後以為自己在暗中看見了。」我們堅信自己是對的，只因我們先無中生有地打造出光明與黑暗對立的世界，然後故意忘了它們全是從自己虛幻念頭中冒出來的。於是，世界成了有目共睹的事實，我們不但認定它真實無比，還想盡辦法讓更多的人附和自己的看法與經驗，絲毫意識不到這一切都是我們以盲引盲而已。

下一段便會為我們澄清，耶穌所說的「光明」絕非有形可見的光明，而是天堂某種特質的另一象徵。換言之，黑暗代表的是小我以及它那充滿罪咎、仇恨和特殊性的思想體系；光明則代表聖靈的體系，它本身即是黑暗左右不了實相的一個明證。

(2:1) **你必須先認清光明出自內在，而非出自外在，才可能真正看見。**

當耶穌說「上主是我賴以看見的光明」，並不是指肉眼之見，而是慧見，它來自正念思維，為此，我們所見的絕不會是外在的光明。可還記得我在第十五課多次提醒，耶穌不是真的在說東西的邊緣會發光。即使我們真的看到了一些光影，心中仍要十分明白，那不過是我們心中寬恕之念的反射而已。到了這幾課，耶穌說得更清楚了，光明絕不在外面。請記住，沒有一物**存在**於我們身外。我們還會在後文讀到：「世界根本就不存在！這是本課程一直想要傳達的中心思想。」（W-132.6:2~3）

(2:2) **你無法向自身之外去看，連看的裝備也不在你的身外。**

這兒的「你」是指我們的抉擇者，也就是前文第四十三課圖表的最左邊。「連看的裝備也不在你的身外」，這句話是針對我們的身體和感官而說的。真正的看見（慧見）和肉眼毫無瓜葛，也不在我們身外，它是抉擇者與耶穌或聖靈結合而產生的結果。總之，耶穌這兒所講的屬於**心靈**而非**身體**層次。

(2:3~4) **看的基本裝備乃是那使人得以看見的光明。這光明始終與你同在，為此，慧見在任何環境中都可能出現。**

我們已經解釋過，耶穌在〈練習手冊〉裡提到**上主**時，有時是指**聖靈**，這兩個名詞甚至可以交換使用；另如他在說**真實念頭**以及**基督天心之聖念**時，也有類似的情形。嚴格來說，他指的是聖靈而非上主，因為聖靈是與我們一起進入夢境的上主光明之聖念，祂才可能為我們開啟慧眼。

(3) **今天我們就要試著去接近那光明。我們會採用先前已介紹過、以後還會常用到的練習方式來完成這一目標。這種形式的練習對於缺乏鍛鍊的心靈會顯得特別困難，而這正是「心念訓練」的宗旨所在。這一訓練正是毫無修持的心靈所缺乏的。但是你若真想看見，必須先完成這一訓練。**

我們會在〈練習手冊〉不時看到，耶穌岔開當天的主題而開始討論如何操練，這兒即是一例。說真的，要我們在一整天裡時時刻刻想著當天的練習或憶念著上主，絕不是一件容易的事。在這段課文裡，耶穌毫不諱言我們這群學生一向缺乏鍛鍊；言下之意，他早已看準我們**不會**按照他的建議如實操練的。因此，我們無需為了忘記練習而內疚，耶穌也不希望我們否認自己的遺忘，或否認自己其實是存心的（下文還會深入這一點）。其實，他不斷地提醒我們心念的威力，例如〈正文〉的尾聲，當海倫抱怨這個課程太難修時，耶穌只是溫婉地跟她說「**看看你自己學來的那一套**」：

> 而你竟也練出了那麼大的學習本事，簡直不可思議。然而，你還是做到了，因為那是你想學的，自然全力以赴，不曾聽你駐足片刻，抱怨這類人生功課太難學或複雜得令你無從了解。
>
> 任何人若了解你所學到的人生經驗，絕不會懷疑你的學習能力；你學得如此用心，不斷重蹈覆轍，歷盡千辛萬苦也無怨無悔。世上沒有比學習更偉大的能力了。整個世界都是你「學」出來的成果，即便到現在，它也還得賴此才能存在。你教給自己的功課，早已學得滾瓜爛熟，而且積習難改，好似一簾沉重的帷幔，罩住了單純而明顯的真相。不要推說你學不來。因為你的學習本事強大得竟能讓你接受「你的意願不是自己的意願，你的念頭不是自己的念頭，連你都不是你自己」諸如此類的說法。（T-31.I.2:7~3:6）

顯然的，耶穌不僅想幫助我們認清自己的學習本事，還要我們明白，我們更需要學習的，其實是**解除**往昔使出渾身解數所教給自己的那一套「百千萬劫學得爛熟的課題」（T-31.I.5:4）。若想解除往昔學來的習性，我們就非得培養更高的學習定力不可。為此，我們才特別需要這部〈練習手冊〉。

(4) **今天至少作三次練習，每次長達三至五分鐘。只要你不是分秒煎熬，如坐針氈，最好把練習時間加長。對於訓練有素的心靈而言，今天的練習方式是世上最自然且最容易的事；對毫無修持的心靈而言，則是最不自然且又困難的事了。**

耶穌再次告訴我們，要解除往昔自己學來的那一套，並不是那麼容易的事。他在下一段為我們解釋了原因所在：

(5:1~4) **你的心已不算是毫無訓練的了。你已經有資格學習今天的練習方式，但你仍可能感到強大的抗拒。理由很簡單。當你這樣練習時，表示你捨棄了目前所有的信念，以及自己造出的一切想法。**

耶穌預先透露了，我們最大的挑戰在於自己內心的抗拒，只因我們不但深恐失落了自己打造出來的種種想法，還更害怕連自己認定的這個我也保不住！先前已經談論過，一旦面對真相，我們的內心是多麼恐懼、多麼抗拒。各位應該還記得耶穌曾經在〈正文〉解釋為何**他**的臨在對我們形成莫大的威脅：

> 許多人以為我在攻擊他們，其實我毫無此意。瘋狂失常的學徒所學得的經驗必然十分詭異。有一點你必須認清：你若拒不接受某個思想體系，就等於削弱了它的力量。而相信那些觀念的人便會認為你在打擊他們。這是因為每一個人都把自己的思想體系當成自

己，而每個思想體系又以「自己是什麼」的信念為軸心。（T-6.V.二.1:5~9）

一點也沒有錯，這些練習必然直接打擊到我們的小我，因此，從個體之我的立場而言，它必會無所不用其極地捍衛自己的主權，利用身體作為防禦伎倆，拼命抵制真理進入心靈。

我再重複一次第四句，請留意耶穌的用詞毫不修飾：

(5:4) 當你這樣練習時，表示你捨棄了目前所有的信念，以及自己造出的一切想法。

請注意，他指的是你「目前**所有的**信念，以及自己造出的**一切**想法」，而不只是**某些**信念或某些想法而已。這正是令我們不寒而慄的最大原因，難怪人人都想要扭曲耶穌說的話語，降低奇蹟教誨的衝擊性。的確，他說得非常直白，而如果真的按照他的指示一課課練習下去，我們的小我無疑會銷聲匿跡。為此，我們才終於明白，了解自己為何特別**不想**操練某幾課是如此重要，更別說將它套用在自己和他人之間沒完沒了的功課當中。

我上述這番話，學員常常會存疑，究竟它們出自《奇蹟課程》何處？請看，眼前即是一例，而且耶穌還鐵口直斷得很，一點也不拐彎抹角。再說一遍，問題就在「當你這樣練習時，表示你捨棄了目前所有的信念，以及自己造出的一切想法」。

下面繼續重申同一主題，只不過換個說法：

(5:5~6) **這其實是你由地獄解脫之道。然而，在小我的眼中，卻如同失落自我、陷身地獄。**

這個觀念，我不知已經反覆說過多少遍了。世上**每一個人**心裡共有的最深恐懼，就是害怕失去自己的個體性或個人的身分。因此，倘若冀望如此珍惜這個身分的我們不會去抵制〈練習手冊〉的功課，也未免太過天真了！

(6:1) **你若能擺脫小我，即使只與它保持一點點距離，便不難認清，它的抗拒及恐懼實在毫無意義。**

耶穌這句話是針對抉擇者說的，因為他說的「你」，並不是指小我的**你**，這個**你**與小我是有段距離的（請參見前文第四十三課圖表的左側）。從圖表我們可以了解，只要和小我保持一點距離，自然就會轉入正念中的耶穌或聖靈這一邊了。這就是「非此即彼」的原則。再說一次，那個選擇聖靈的**你**，就是抉擇者。

另外，還有一點必須留意一下。耶穌論及小我時，好像把它當成另一個存在實體似的，其實小我不過就是一念，只因我們的認同而讓它顯得活靈活現而已。換句話說，小我就是分裂的心靈內特別鍾情於分裂的那一部分，它代表人心內與聖靈的救贖原則相抗衡的勢力。至於為何耶穌把小我講得好似我們身外的另一位，〈正文〉有一段清晰的解釋：

> 小我是靠你〔也就是**抉擇者**〕對它的忠誠來控制你的。我在談論小我時，好似在說一個獨立自主之物。我必須如此，才能說服你切莫對它掉以輕心，我必須讓你意識到，你的想法如何受制於小我。……小我不過是你對自己的一種信念而已。（T-4.VI.1:2~4,6）

(6:2~4) **你不妨隨時提醒自己一下，接近光明就等於遠離黑暗；縱使這與你的信念完全相反，這一提醒對你會有很大的幫助。上主是讓你得以看見的光明。你正努力地向祂邁進。**

這一段話同樣非比尋常。如果我們一心一意想要尋回上主，牽起耶穌的手，感受他的愛，我們就必須心甘情願不再認同黑暗才行。更進一步講，想要加深或傳揚我們對耶穌的愛，最佳的途徑莫過於正視自己內心隱藏的恨。現在，藉由這段課文，意思就更明白了——通往光明的捷徑即是遠離黑暗。可以說，這句話既淺顯又蘊含深意。由於當初是我們選擇了黑暗而把它弄假成真的，因此所謂「遠離黑暗」，就是必須改變我們當初錯誤的念頭。這正是耶穌的任務，他並不是幫助我們去做對的事情，而是幫助我們**解除**錯誤。經過這樣的化解，我們的所作、所思、所言、所感，便自然而然正確無誤了。為此，通往光明的旅程就是藉著脫離黑暗、解除負面念頭、否定我們對真理的否定，一整個串連起來的。所以才說，這不是一部強調正面思維的課程，而是化解負面思維的課程。這個重要觀念的論據，在整部課程中，可謂多到不勝枚舉，以下，我只引用兩段引文為例：

> 因此，奇蹟志工的任務便是**幫忙否定他們對真理的否定**。（T-12.II.1:5）

> 你為什麼不敢確定其他問題〔指前三個問題〕都已經答覆了？如果你已經答覆了，還需要這樣不斷反問嗎？只因在你作出最後那個決定以前，你的答覆很可能一邊說「是」一邊說「否」的。因你在答覆「是」之時，未必意識到那個「是」必然意味著「不是否」。沒有人會故意排拒幸福的，但如果他並不知道自己在做什麼，又怎能覺察得出自己在排拒？而且，幸福在他心中若是忽而這樣，又忽而那樣，變幻莫測，好似夢幻泡影，他當然會排拒這種幸福。（T-21.VII.12）

在本質上，小我的思想體系就是「否定真理」，因此，唯有看清它的內幕，我們才可能抵制它的否定。小我的重重武裝一旦繳了械，它的黑暗勢力便會隨之消融於光明之中。

(7) 開始練習時，先張開眼睛複誦一下今天的觀念，然後慢慢地閉上，再複誦幾遍。然後試著深入自己內心，不理會任何干擾，只是靜靜越過，向下沉潛。這趟心靈之旅是沒有止境的，除非你自己打斷它。心靈會自行運作。你只需觀察掠過心中的念頭，試著不受其牽絆，只悄悄任它擦身而過。

再提醒一次，耶穌口中的「你」，指的是抉擇者，也就是有選擇能力的那一部分心靈。各位，**請隨時留意自己的起心動念**。每當我們開始內疚、批判自己的想法或行為時，我們不只把它們弄假成真，還製造了對立。這種時候，我們必須正視它們的存在。而所謂的「正視」，絕不是看到之後還依然故我地延續先前的無情之念及不仁慈的行為，而是不帶任何批判地看著它們，心裡清清楚楚自己所幹的好事！唯有如此，我們才會心甘情願切斷那些作為，只因我們終於看到了選擇小我所帶來的痛苦。換言之，和耶穌一起正視小我，這個過程會讓我們切身體會到，無論是放棄耶穌而選擇小我，放棄合一而選擇分裂，或者放棄寬恕而選擇仇恨，其結果，自己都得付出極大的**代價**。唯有真正看清選擇判斷乃是違反自己的天性，而且勢必導致痛苦；反之，選擇慧見才合乎自己的天性，必然帶來平安喜悅，我們才會因之深受鼓舞而選擇療癒，從而開啟療癒的契機。正如耶穌在〈正文〉第二十三章結尾說的：「在聖愛的呵護下，還有誰會在奇蹟與謀害之間舉棋不定？」（T-23.IV.9:8）

再次回到前文第四十三課那張圖表，我們便會明白為什麼要把上主置於圖表底端而非上方，因為這些練習與冥想都是由我們目前所在的上方開始，慢慢向下**沉潛**至心靈深處，也就是上主所在之處。

(8) 這種練習方式不強調任何訣竅，你只需要意識到，自己此刻進行的事極其重要，你所致力的目標十分神聖，對你的價值

無可估量。救恩是你最幸福的成就。也是唯一有意義的事，因為只有這件事對你真正有用。

「自己此刻進行的事」之所以極其重要，因為它是引領我們跳脫地獄及一切痛苦的下手處。我們需要不時提醒自己：「我是奇蹟學員，不僅願意拜耶穌為師，並且願意如實操練〈練習手冊〉，只因我真心想要跳脫目前充滿對自己與他人的批判，那種宛如地獄的生活。這是我甘心成為奇蹟學員的唯一原因。我承認，那些批判正是我所有煩惱痛苦的根源，我再也不想如此活下去了！」也因此，耶穌要我們先用心閱讀這幾課，好好**深思**它們對自己嚮往的平安心境具有何等重大的意義，**然後放手開始操練**。

耶穌在下段又回到抗拒的主題：

(9) **你一遇到任何抗拒，不妨暫停一會兒，給自己充分的時間複誦今天的觀念，眼睛繼續閉著，除非你開始感到恐慌。若是如此，可以張開眼睛，安一下你的心。然後，盡快回到先前閉起眼睛的練習。**

請特別留意，他是如此堅持卻又如此**委婉**地要我們覺察自己心裡對這幾課的抗拒以及恐懼。

(10:1~2) **如果練習得當，你該感到輕鬆才對；縱使你尚未進入光明之境，也會有一種接近光明的感覺。在穿越世俗念頭之際，不妨觀想一下那無形無相、無量無邊的光明。**

耶穌所說的光明是指基督天心中的一念，因為它是無形無相的。而正念之光投射於人間則成了寬恕，這就脫離不了形相，只因我會認為是「我」這個人需要寬恕「你」那個人。再提一次，耶穌在此說的**光明**與**真實念頭**，和**正念**與**基督天心**都是可以互換的同義詞。

(10:3) 心中銘記著：那些念頭無法將你繫於世間，除非你賦予它這種能力。

為此，我們不是眼前世界的受害者（第三十一課），這是《奇蹟課程》的一個核心主題。世上沒有一物束縛得了我們，也沒有一物騷擾得了我們，除非我們賦予它這一能力。〈正文〉有一段將此千古真理描述得令人膽戰心驚：

> 救恩的秘訣即在於此：你所做的一切全都是對你自己做的。不論你以何種形式發動攻擊，此言不虛。不論哪一方扮演壞人或兇手，此言不虛。不論什麼表面原因使你飽受痛苦，此言不虛。你若知道自己在作夢，自然不會跟著夢中角色起舞。你一旦認清了那原是你自己作的夢，不論夢中角色顯得何等可恨或何等兇暴，都再也影響不到你了。（T-27.VIII.10）

試問，為什麼我們自甘放棄這個能力？只因我們想要證明自己是對的，耶穌是錯的，他的這部課程更是錯得離譜。對此，耶穌要我們學習為自己的受害感負責，但小我建構的世界卻說那受害感才是人類痛苦的元兇。換一種說法，奇蹟教導我們明白自己是造出夢境的**夢者**，進而證明我們存在的世界其實只是夢中的**一個角色**而已。這一觀念日後還會經常提到。

最後，耶穌為本課下了一段結語：

(11) 從早到晚隨時複誦一下今天的觀念，眼睛或張或閉，全憑你當時的感覺而定。只要別忘了練習。最重要的是下定決心，今天不再忘記。

在這幾課裡，不難看出耶穌殷殷敦促我們務必認真看待這些練習，並且慎重其事地具體操練。若非日復一日隨時反覆練習，我們是嚐不到奇蹟精髓的。這與理性上的精通〈正文〉完全是兩回事。如果我們對〈正文〉欠缺全面的了解，勢必難以正確操練這些練習。話說回來，光是了解理論，仍不足以化解小我，我們還必須具體學習將小我陰森幻相帶到聖靈的光明真理之內，而且心裡還得全然明白如此操練的**道理何在**才行。

第四十五課

上主是我藉以思想的天心

(1:1) 今天的觀念是揭開你真實想法的關鍵。

這是因為我們的真實想法（或念頭）必然與上主同在。請留意下文，耶穌又把「真實念頭」與「基督天心」交互換用了。

(1:2) 你認為自己能想，就如同你認為自己能看一樣，與慧見絲毫扯不上關係。

耶穌時不時便會糗我們一下，但他說得一點也沒錯，我們總是認為自己在想，認為自己在看，而事實上，我們根本想不出名堂，也看不出什麼名堂來。

(1:3) 真理實相與你所認為的現實真相也毫無相通之處。

把這句課文的主詞換一下也說得通，比如說，「本來如是的上主」和「世界所認為的上主」根本毫無相通之處——世間的神學所知實在太有限了。回到本課的說法，我們在這句話中讀到第一層次的觀點：在真相與幻相之間一無所有，毫無中間地帶。每當我們自認為自己了解什麼時，這個了解絕不可能是真的，因為它受限於我們的思維，而只要是**我們的**想法，就永遠不可能是真的。請記得，《課程》的目的不是幫助我們去**理解**上主，而是**體驗**上主的愛；若要達到這個目的，我們必須先擺脫心中黑暗的罪咎和怨恨才行。〈詞彙解析〉的「導言」同樣闡明了本課程的目標所在，即是體驗而非理解：

> 人間不可能有放諸四海皆準的神學理論的；然而，放諸四海皆準的經驗不只是可能，而且是必須的。本課程的目標就是指向這一經驗。唯有這種經驗才具備了一以貫之的特質，也唯有這種經驗能夠了結人生所有的不定感。（C-in.2:5~7）

〈正文〉也有幾句精彩的說法與這段引文相互呼應：

> 你寧可相信自己的了解具有左右真理的力量，真理全靠你的了解才可能成真。然而，我再三提過，你無需了解任何事情。（T-18.IV.7:5~6）

(1:4~2:5) **你視為自己的真實想法和你真正的想法之間，毫無雷同之處。你認為自己所看到的和慧見顯示給你的真相之間，也無雷同之處。**

你是與上主的天心一起思想的。因此你的想法與祂共享，就如祂的想法也與你共享一樣。兩者原是同一個想法，因為它們都是由同一天心所想出來的。「共享」有相似或是同一之意。你那出自上主天心的念頭，也離不開你的心，因為念頭離不開它的源頭。

《奇蹟課程》最重要的原則「觀念離不開它的源頭」，我們雖然討論了許多次，卻是第一次出現在〈練習手冊〉。耶穌在後文還會不斷重複這個觀點，它乃是貫穿三部書的核心要旨。這一段話也可以說成：這個原則即是救贖，它反映出「我們是上主天心中的一念（或一個觀念），不曾離開過那終極源頭」這一永恆不易的生命真相。這與「分裂不曾發生過」一語是同一道理，再次重申了任何的真實念頭是不可能離開它們的終極源頭的。縱然我們相信自己離開了上主，在夢中昏睡不醒，但我們依舊擁有那些念頭的倒影。如同前文一樣，耶穌在此並沒有明白區分真實念頭和真實念頭的倒影。

(2:6~8) **因此，你的念頭，就像你一樣，都在上主的心中。它也在你的心中，因那正是祂所在之處。你既是天心的一部分，你的思維必也屬於天心的一部分。**

既然**觀念離不開它的源頭**，就表示一切即一。耶穌這兒要說的是，倘若和基督天心相比，我們自以為擁有的那顆心是如此的虛幻不實。

嚴格來說，〈練習手冊〉的用語，如果根據神學觀點來看是有瑕疵的，此處又是一例，因為寬恕是不可能存於上主之境的（下文就會提到）。從實相層次來講，寬恕之念與上主並沒有任何關係，最多只能說成寬恕是上主聖念的**倒影**。由此可知，我們寧可把這一部靈修經典看成美妙的詩篇，而不宜把它當作論文來剖析。

(3) **那麼，什麼才是你真正的思維？今天我們要試著找出它來。我們必須進入你心中去找，因為那才是它所在之處。它必然還在那裡，因為它不可能離開它的源頭。凡是出自上主天心的想法，必是永恆的，因它屬於造化的一部分。**

聖靈的任務就是把真實念頭保存在我們心中，不論我們的心思多麼煩亂，心靈始終是思想觀念的源頭。投射的防衛伎倆不管如何高明，令人真假難辨，也絲毫撼動不了「觀念離不開它的源頭」這一基本原則。小我一生致力的目標，就是防止我們學到這個救恩真相。

(4:1~2) **今天所要求的三次練習，每次五分鐘，還是按照昨天所採用的一般形式進行。試著放下虛妄而尋求真實。**

第二句話要我們尋求真實，與我先前所引用：「你在人間的功課並不是尋求愛，而是找出你為了抵制愛而在心內打造出來的所有障礙。」（T-16.IV.6:1）似乎完全相反，如此，又再一次證明了耶穌用詞並不講求精準。無論如何，這仍抹殺不了耶穌教誨的一貫性，由本段的餘文也可見一斑。換言之，尋求真相（**真實**）之前，我們得先認出幻相（**虛妄**），藉由否定幻相而擺脫它的控制。順道一提，「放下虛妄而尋求真實」這句話乃是援引自印度教的古諺。本段餘文如下：

(4:3~6) 為了真理，我們要不惜否定世界。不再受世俗想法的羈絆。也不再聽從世俗的信念，認為上主要我們做的事根本不可能實現。反之，我們將努力認清，只有上主要我們做的事才有實現的可能。

尋找真理實相的途徑在於否定虛幻不實的幻相，而否定的方式則是與耶穌一起正視不真實的念頭。再說一次，只需與他一起正視，我們內在的判斷、怨恨和罪咎之念便會自動銷聲匿跡，所餘的唯獨真理。的確，與耶穌一起**正視**的過程正是啟動療癒的契機。我在這套〈行旅〉的「前言」已經解釋過，不願正視罪咎反而會使它虛幻的存在固若金湯，而世界與身體最大的任務就是不給我們往內看的機會。總之，不懷批判而且毫不內疚地正視自己選擇的罪咎，才化解得了罪咎。於是，原本彷彿銅牆鐵壁、**沉重晦暗而讓你看不透**的幻相，會變成一片**輕薄的面紗**，壓根兒遮蔽不了光明（T-18.IX.5:2~4）。在完成〈練習手冊行旅〉之前，我們還會不斷重申這一要旨。

(5) 我們同時試著了解，唯有上主要我們做的，才是我們真正想做的事。我們也應試著記得，凡祂願我們做的，我們是不可能失敗的。我們有足夠的理由堅信，今天一定會成功。這是上

主的旨意。

耶穌在此提醒我們，研讀〈正文〉與操練〈練習手冊〉的目的，就是活出上主的旨意。這是我們真正想做的事，雖然嚴格來講，上主不會要求我們做任何事情的。我們再度看到（以後還會看到）耶穌有意喚起我們正念的動機——我之所以操練他給的功課，只因它們會讓我活得更好。

(6) 練習開始時，先閉起眼睛向自己複誦一下今天的觀念。然後再用短短的時間自行想出幾個相關的想法，只要不偏離今天的主題即可。等你想出了四、五個相關想法後，再複誦一次今天的觀念，然後輕輕地告訴自己：

我真正的想法就在我的心中。我要把它找出來。

然後試著越過心內有意蒙蔽真相的不實想法，邁向那永恆之境。

想要通往永恆之境，我們得穿越自己的不實想法，也就是將它帶到聖靈的真實思維內。由前面第四十三課的圖表便可看出，若要尋求上主，我們得穿越整個小我體系，而我們血肉之軀的經歷則是這趟穿越過程的最佳起點。然後，我們才能進一步體悟出身體不過是自己的內心分裂、罪咎以及特殊性那些虛妄念頭的投射而已。只要我們願意將那些念頭交到聖靈的真實之念內，它們便會消失於無形，所留下的，唯有真理而已。由**虛妄**到**真實**的穿越過程，就是寬恕的真諦，我在此引用一段

〈正文〉，它道盡了我們在聖靈的陪伴與指引下，穿越「恐懼的小天地」而抵達上主天心之歷程。

> 只有上主能夠領你一探究竟，只要你真心願意跟隨聖靈，穿越那看似凶險之地，且信任祂絕不會遺棄你。祂絲毫沒有嚇唬你的意思，只有你最愛嚇唬自己。恐懼一出現，你就忍不住想要棄祂而逃；而祂卻一心想帶你度過難關，更上一層樓。（T-18.IX.3:7~9）

(7:1) **在你心中所堆積的無謂雜念及瘋狂想法之下，藏著你在無始之始與上主共有的念頭。**

這裡說的「念頭」不是我們平常所認為的那種念頭。耶穌說的是上主旨意所流露出的一體、真理和愛，縱然我們意識不到它們，但這些念頭依舊「安然保存」於我們的正念中，而且**只有它們**才屬於正念。耶穌在〈正文〉第五章有一段與此相關的動人描述，我把整段引述如下：

> 你是這般的神聖，怎麼可能受苦？過去的一切，除了美好部分以外，全都過去了，留給你的只是祝福。我為你保存了你所有的善良以及每一個慈心善念。我會為你淨化所有令它們蒙塵的過失，為你保存它們原有的無瑕光輝。沒有一物能夠摧毀得了它們，連罪咎都難以得逞。它們全都出自你內的聖靈，而且我們也知道，凡是上主創造的必然永恆長存。你大可放心地

啟程，因為我如此愛著你，如同愛自己一般。你會懷著我的祝福前進，同時將此祝福帶給別人。只要你接下祝福，並且分享祝福，它就永遠成為我們的了。我將上主的平安置於你心中和手裡，你才可能擁有，且與人分享。只有純潔的心才能擁有它，只有堅強的手才能分享它。我們永遠不會失敗的。我的判斷和上主的智慧一般強而有力，我們的實存生命就在祂的聖心及慈掌中。活得心安理得的孩子，就是受祂祝福的聖子。上主的聖念始終與你同在。（T-5.IV.8）

(7:2~4) **它們此刻就在你的心中，從未改變過。它們永遠都在你的心內，完好如初。凡是你在那以後所想出來的一切都會改變，只有它所立足的神聖基礎永遠屹立不搖。**

這些反映上主聖愛的念頭，始終與我們同在，不曾改變分毫。我們太習慣用一堆瘋狂且無謂的雜念覆蓋它們，耶穌則幫助我們掀開一直存於我們心內的真相。終有一天，我們會認出這些瘋狂想法全是自己營造出來的，它們的虛張聲勢絲毫左右不了真理，而這個真理即是天堂烙印在人間的記憶。

(8:1~4) **今天的練習就是朝著這個神聖的基礎而努力。你的心也在這兒與上主的天心相接。你的念頭會在這兒與祂的聖念合一。這練習只要求你一點，就是當你邁進時，有如邁向天堂中獻給天父及聖子的那座祭壇一般。**

耶穌再次勸導我們用心操練，並且隨時不忘操練的目的。若不具體套用在實際生活中，表示我們並沒有把它當作一回事，也因此，時時刻刻的儆醒，對我們真是太重要了。耶穌在下面的〈正文〉把這樣的忠誠形容為祭壇：

> 天堂與世界都在你內，因為你心裡同時具備了天堂與世界的召喚。上主的天音是由你心靈深處的祭壇向祂發聲的。這類祭壇並非有形之物，它代表著你的效忠。然而，如今你的忠誠已經投向其他事物了。就是你那三心二意的忠誠，在你內形成了兩種不同的聲音，你必須選擇為哪一座祭壇效力。此刻，你願答覆哪一個召喚，這個決定代表了你的評判。這一決定其實單純得很。你究竟重視哪一種聲音，就會作出什麼樣的決定。（T-5.II.8:5~12）

他要我們好好正視自己「究竟重視哪一種聲音」。唯有不斷操練而且保持儆醒，才不至於偏離了自己**真心**想要的東西。

(8:5~7) **因那確實是你有意抵達的目標。你大概還未意識到自己所要去的地方是多麼的高超。然而，就憑著你目前已學到的這一點知識，足以讓你意識到這不是無聊的人間遊戲，而是聖化自己的練習，亦是邁向天國的成道之路。**

耶穌再次要我們記得這些練習的重要性，因為它們能引導我們把〈正文〉的原則具體套用於每一天的生活中。我們想要回家的誠心完全反映在自己對這些練習有多麼用心上頭。正因如此，耶穌在第九段一開始便說：

(9:1) 今天的「短式」練習中，請試著記得，那能與上主一起思想的心靈是何等神聖，這一體會對你又何其重要！

我們不難由這樣的反覆叮嚀看出耶穌是多麼的重視這些練習，以及它們對我們又是何等的重要。當然，我們究竟有多重視這些練習，端賴我們放棄特殊性的意願有多強了。

最後，耶穌以一段語重心長的呼籲作為本課的結語。他要我們**抵制**小我的念頭，別和小我同流合污，而**選擇**他反覆提醒的天人共享之聖念：

(9:2~4) 今天當你複誦這一觀念時，請花一兩分鐘的時間，讚賞一番你心靈的聖潔。祂寄居在你心中，暫且拋開任何配不上祂的念頭，即使只是幾個剎那也好。為祂與你一起想出的神聖之念而感恩致謝吧！

感恩，也是《奇蹟課程》一個重要的觀念，日後還會不斷提到。當然，最值得我們感恩的是，不論我們多麼瘋狂地想要改造祂，祂卻始終不改自己的神聖面目。

第四十六課

上主是我得以寬恕的愛

請注意，本課是〈練習手冊〉首次正式進入寬恕的議題。

(1:1~3) **上主不用寬恕，因為祂從不定人的罪。必須先定人的罪，才有寬恕的必要。這個世界迫切需要寬恕，只因這是個充滿幻相的世界。**

我們會在後文發現，耶穌好像特別「偏愛」第一句，在「複習一」又逐字重述了一遍。寬恕在天堂可說是英雄無用武之地，只有在夢境中才有其大用。人間的大夢始於定罪之念，這個罪一旦在寬恕（即愛在人間的倒影）中化解了，夢境便告終了。由於「必須先定人的罪，才有寬恕的必要」，為此，寬恕必屬幻相，它所修正的是不曾發生過的事。上主從不曾也**不可能**認可幻相，因此自然也不可能去修正它，故說天堂裡沒有寬恕的必要。

(1:4~5) **因此，寬恕的人就等於將自己由幻覺中釋放出來；凡是不肯寬恕的人，等於自願囚禁於幻境之中。只有你能定自己的罪，所以也只有你能寬恕自己。**

耶穌不能說得再清楚了，寬恕和我們心目中的外人毫無關係，它只是藉由我們已經弄假成真的人際關係作為舞臺罷了。然而這兒有個前提，我們必須先認清自己所要寬恕的對象，其實只是我們把內在不想要的罪咎投射出去的倒影，因我們不想為那些煩心的處境負責。等我們討論到後面，便會看到第196到198這三課的標題已經清楚道出了寬恕的要旨：

我只可能把自己釘在十字架上

我所掙回的只是自己的感恩

只有我定的罪傷害得了我自己

(2:1) **雖然上主不用寬恕，祂的聖愛卻是寬恕的基礎。**

這句話再次提醒我們，只有寬恕才是真的，因它屬於正念思維；而這個正念所反映的，即是我們由基督天心之聖愛發出的真實念頭。

(2:2~3) **恐懼會定人之罪，愛則予以寬恕。寬恕便如此消弭了恐懼的苦果，心靈才能再度覺於上主。**

唯有正念或寬恕化解得了妄念中的恐懼和怨恨。正念一旦化解妄念，兩者同時消失，我們便能再度覺於上主。容我再提醒一次，《奇蹟課程》所傳授的不是真理實相之境，它要教導我們的是：**解除**阻擋在真理之前的虛幻障礙。上主的記憶必須透過這一穿越過程才可能重現於昏睡的心靈，我們也才可能由充滿罪咎恐懼的小我噩夢中甦醒。

(2:4~5) **為此，寬恕成了名副其實的救恩。它是消除幻相之道。**

由此可見，救恩在《奇蹟課程》中別有新意。它並非上主為罪孽深重的我們訂了一套救恩計畫，而是聖靈針對我們**自認為**罪孽深重所提出的一個修正（即寬恕）。換言之，從分裂的幻相到救贖的真相，只需要改變自己的心念，如此而已。

(3) **今天至少需要正式練習三次，每次整整五分鐘，「短式」練習則多多益善。「長式」練習照舊先複誦一下今天的觀念。閉起你的眼睛練習，花一兩分鐘的時間往內心搜索一下自己尚未寬恕的人。不用追究自己尚未寬恕他們到「什麼程度」。反正你不是全面寬恕他們，就是根本沒有寬恕。**

這兒所說的是夢境中那個**不是全有就是全無**之原則，這也是先前提過的「第一層次」之觀點。說穿了，我們心知肚明自己的寬恕並非全面性的，常是這兒寬恕一點，那兒寬恕一點；可以寬恕這人，另一個人就不行。本段課文即是在說，這樣的寬恕表示我們還沒有真正操練到位。寬恕必須是全面的，否則就不是真寬恕。**不是全有就是全無**這個原則，在〈正文〉第二十二章也有類似的說法：「你不是完全相信本課程所言，就是

完全不信。」（T-22.II.7:4）

(4) 只要練習得當，你應該不難找出幾位自己尚未寬恕的人。最保險的方法是，凡是你不喜歡的人都是最佳的練習對象。一一指出他們的名字，並說：

上主是愛，在愛內我寬恕你，（人名）。

如上所引，耶穌開始給我們一連串的練習，第一個練習就請我們找出自己還不想寬恕的人。請看看，耶穌如此確定，找出這些「特殊的恨」的對象，對我們而言是多麼輕而易舉。到了後面，他會繼續引導我們擴大範圍，把那些我們自以為很愛的人也包括進來。〈正文〉早已教導我們這個極其重要的觀念：特殊的愛和特殊的恨根本是同一回事，它們的基本**內涵**都是分裂，只是呈現的**形式**不同而已。正因如此，我們需要寬恕**每一個人**，因為不論是敵是友，任何人在我們心目中都屬於身外之人。

(5:1) 今天練習的第一部分，目的就是給你一個寬恕自己的機會。

這部課程的主旨，一言以蔽之，即是「寬恕自己」。即使我認為自己寬恕了身外某個人，我其實是在寬恕自己。當然，眾所周知，這是《奇蹟課程》的核心觀念，它揭發了整個投射的內幕：我企圖把自己心內無法忍受的罪咎投射在別人身上。罪咎一旦投射出去，我們便再也意識不到它其實始終存在自己心內這個事實，於是，當初投射的所有動機及目的便被掩埋在**雙重遺忘**之下了（W-136.5:2）。雙重遺忘指的便是相信自己（**心裡**）有罪而且別人（**形體**）也有罪。唯有看清了自己對他人的不寬恕，才能漸漸認出我們對自己的不寬恕。我們必須越過這一障礙，才能完成救贖，它會將我們帶回自己不曾離棄過的聖愛那裡。

接下來的部分，耶穌給我們好幾種操練本日功課的建議用語。順便提醒一下，請勿將它們當作新時代的「肯定語」來操練。我的意思是，**切莫**用這些正面說法來遮掩小我思想體系的負面感覺和怨恨，而應明白這些句子只是正念的象徵，具有修正的作用，目的是要我們把小我妄念**帶到**正念的**象徵之中**接受修正：

(5:2~6:7) **當你把這觀念套用在你想起來的所有人身上以後，便向自己說：**

上主是愛，在愛內我寬恕了自己。

然後把剩餘的時間，多練一些相關的觀念，如：

上主是愛，我以上主之愛來愛自己。

上主是愛，我蒙受祂聖愛的祝福。

練習的形式可以自行變化，但切勿偏離主題。例如，你可以說：

我不可能是有罪的，因為我是上主之子。

我已經被寬恕了。

在上主所愛的心靈內，恐懼沒有立足之地。

沒有攻擊的必要，因為愛已經寬恕了我。

不論哪一種形式，最後都該再複誦一遍今天的基本觀念作為結束。

我們一旦把握了操練的訣竅，必然會對小我的分裂及特殊性之念愈來愈敏銳，隨之便能夠愈來愈快地將它們帶到一體聖子的愛裡頭，於是，我們心中的罪咎、恐懼以及攻擊之念就這樣化解掉了。接著是本課的最後一段，耶穌再度耳提面命，他要我們在起心動念想要選擇小我而放棄聖靈的那一刻，切切記住套用今天的主旨以及上述種種例句：

(7)「短式」練習中，你可以隨興地複誦今天的基本觀念或是與此觀念相關的詞句。只是當狀況發生時，務必具體套用上去。在這一天中，只要你意識到自己對任何人（不論他在不在眼前）心生反感時，就應及時發揮其用。默默地向那人說：

上主是愛，在愛內我寬恕你。

我們又看到耶穌提醒我們對內心的任何負面反應提高警覺，不問大小輕重，都要把這些反應**套入**今天所建議的練習當中。唯有如此，他的光明才能夠驅散我們企圖隱藏的黑暗。這一過程需要極大的毅力和儆醒，但也唯有如此，我們才算真正**操練**神聖一刻（T-15.IV）。結束之前，我想說個廣為流傳的笑話。有一位迷路的紐約客向人問路：「怎樣才能去到卡耐基音樂廳（美國最負盛名的音樂殿堂）？」得到的答覆是：「**練習！練習！再練習！**」

第四十七課

上主是我得以信賴的力量

本課又帶出〈正文〉一個重要的觀念，也就是我們的軟弱與內在基督的堅強之鮮明對比，或說小我的虛幻力量與聖靈的真實力量之強烈對比。〈正文〉尾聲也有一段類似說法：

> 你始終是在自己的軟弱及內在基督的大能之間作選擇。你選擇什麼，它對你就會變得真實無比。只要你不再讓自己的軟弱無能來指導你的行動，你的無能便一無所能。內在的基督之光開始為你的作為負責。因你已將自己的無能交託給祂，祂也把自己的力量回贈予你了。（T-31.VIII.2:3~7）

本課開始旁敲側擊帶出特殊關係的主題，比方說，為了減輕焦慮或單純只想好受一點，我們不惜把信賴置於外在某人或某事上，即是常見的實例。這表示我們企圖用某人、某事或某種關係來取代上主的愛，賦予它們為我帶來快慰或減輕痛苦的能力。說到究竟，選擇特殊性，其實就是以軟弱無能來取代基督大能之舉。

(1:1) **你信賴的若是自己的力量，你有充分的理由擔心，甚至焦慮害怕。**

「信賴自己的力量」，意思就是我們又把小我思想體系當真了。一旦如此，我們內心必生罪咎，而不得不把罪咎投射於外，接下來，我們不可能不害怕外來的懲罰。為此之故，我們必須忘記天網恢恢的懲罰其實是心中罪咎的自然反應（其實那一點也**不**自然）。只要稍加留意，就會發現這幾課多麼頻繁地提到投射的機制。

(1:2) **世上哪一件事是在你的預料或控制之下的？**

世上每個人都逃不掉「操控」這個功課。人們往往希望自己能夠預測未來，說穿了，這就是想要掌控。我們也常在心中盤算，如果我這樣或那樣做會有什麼結果？要知道，這便是小我的生存之道——我們若不好好掌控自己的生活，耶穌就會越俎代庖，那麼我們特殊的存在價值便要失落了。事實上，想要操控周遭的生活，恰恰透露了我們想將耶穌剔除身外的企圖。這就好比荷蘭小男孩那個故事，他把手指塞進堤防的裂縫，想要阻止洪水毀滅自己的村莊。我們也是如此，深恐手指一旦鬆開，上主的愛就會排山倒海而來，沖垮我們的堡壘，同時也把小我打入虛無的深淵。為此，我們不能不將特殊性和怨恨的手指緊緊堵住心牆的縫隙，絕不能讓代表正念的寬恕洪流破牆而出，一瞬間把自己這個「我」沖走了。

(1:3) **你內可有任何萬無一失的保證？**

我們想要保證的事情可多了！我們十分肯定，若不自我拯救，必會劫數難逃。先前已經提過，我們從一開始便設法說服自己，世上沒有任何人可以依靠，沒有任何人值得信任，只有自己救得了自己。我們一生的劇本就是根據這種信念編寫出來的。更糟的是，我如此肯定自己的看法正確無誤，絲毫意識不到這一防衛心態下面的真正動機。說穿了，我之所以編寫這樣的人生劇本，無非想要證明自己在宇宙中是孤立無援的，我最好自求多福，因為世上沒有任何人會照顧我。可還記得〈正文〉這句經典之言：

> 救恩的秘訣即在於此：你所做的一切全都是對你自己做的。（T-27.VIII.10:1）

我們**存心**孤立自己，唯有如此，才能證明自己確實孤立無援，無人可信，無人可靠！藉此，更加印證了自己生來孤獨的原始信念，凸顯出造物主或生命源頭的遙不可及。

(1:4) **你哪有能力面面顧及問題的每一環節？你的解決能力豈能做到皆大歡喜的地步？**

只有聖靈才可能作出正確的判斷，我們無此能耐，這個觀點在〈正文〉與〈教師指南〉描述得更為淋漓盡致。試看下面引文：

> 上主之師必須明白，不是他不應該判斷，而是他無法判斷。……本課程的目標與世俗的訓練大異其趣，它要我們認清自己是作不出世人所謂的判斷的。……若要正確地判斷一事一物，他必須對它的過去、現在及未來述之不盡的相關背景一清二楚才行。他還需要事先認清自己的判斷對所涉及的人或物可能產生的任何影響。他必須確定自己的觀點沒有任何偏曲，對每一個人所下的判斷，不論目前看來或未來回顧時，必然全然徹底的公正。有誰敢作此保證？除了有自大妄想症的人以外，有誰敢出此狂言？……那麼，重新作個判斷吧！就是：只有與你同在的「那一位」的判斷才是完美無缺的。祂知道現在、過去及未來的一切事實真相。祂也知道祂的判斷對每一人或每一物可能產生的影響。而且祂對每一個人都是徹底公正的，因為祂的觀點沒有任何偏曲。（M-10.2:1;3:1,3~7;4:6~10）

只因受到傲慢的小我誤導，我們才會相信自己能夠了解問題的真相，甚至知道解決問題的辦法。正是這一傲慢陷我們於萬劫不復之地，想想看，千百年來我們何曾真正解決過人間任何問題（不論是個人或集體層面的問題）？我們就這樣日復一日，年復一年，一個世紀又一個世紀，反覆經歷同樣的痛苦，深恐犯錯，害怕孤立，片刻不得喘息：

> 每一天，每一分鐘，每一瞬間，你不斷重溫那恐怖的時間幻相取代愛的那一剎那。（T-26.V.13:1）

(1:5) **你哪有能力找出正確的解決途徑，並保證藥到病除？**

能保證藥到病除的，當然不是妄念小我，而是那選擇了耶穌或聖靈的正念之我。

(2) **憑你自己，你一件也做不到。你若相信自己能夠，就等於信任一個沒有保證的信用，你理當恐懼、焦慮、憂鬱、憤怒及哀傷的。有誰能把信心置於脆弱之物還會感到安全的？又有誰能把信心置於力量之上，還會感到軟弱無能呢？**

這兒描述的，其實正是每一個人的現實人生，充滿了恐懼、焦慮、憂鬱、憤怒及哀傷。我們若無此感受，不過反映出我們不曾正視過自己的處境而已。這個人生現實印證了我們的世界觀正確無誤，世界果然是個孤立無情、危機四伏之地，我們身邊也盡是不可信任之人。難怪我們都覺得這個世界糟透了，而且還認定這種感覺是天經地義的。我們絲毫意識不到自己這些想法和感覺全都源自一個原因，就是我們寧可放棄那位充滿力量的神聖導師，轉而拜軟弱無能的小我為師。

(3) **在任何環境下，上主都是你的保障。祂的天音會在所有事**

件上為祂發言，不論哪一層面的問題，它都會具體地指引你如何求助於祂的力量及護佑。絕無例外，因上主是沒有例外的。那代祂發言的天音，想法和祂如出一轍。

這類說法在整部〈練習手冊〉可謂俯拾皆是。乍聽之下，好似與我們同在的聖靈會具體指點我該怎麼做。從某一層次來說，祂確實如此，但問題的關鍵根本不在於我們做什麼，那壓根兒不重要，耶穌真正關切的是我們的做法背後隱藏的**想法**。這也正是聖靈能發揮大用之處。我們若能融入祂的聖愛（意思是我們已經拆除了自絕於祂的那道藩籬），所言所行必然也出自於愛。這才是所謂「接受聖靈指引」的真諦。聖靈並不會具體告訴我們該做什麼或不做什麼。只要與祂同心一意，我們一切言行舉止必然合乎天心，因為形體的表現不過是心靈的投射或推恩罷了。只要心靈能夠與聖靈結合，我們所做的一切自然處處傳達了愛。雖然感覺上好似耶穌或聖靈告訴我們做這做那，實際上是因為我們融入了心靈中那個抽象的愛，從那個愛自然流出某種想法或作為而已。

〈頌禱〉一文特別著重「超越具體需求」這一點，因我們幾乎無所不用其極地想要上主或聖靈滿全自己的特殊需求。這篇極為重要的文獻，反覆提醒奇蹟學員求助時**只應**祈求一事，也就是消除那使自己聽不見「非具體的愛之天音」的障礙。只要小我不再從中作祟，我們自然**知道**該做什麼或該說什麼。因此，耶穌在〈頌禱〉一開始便這麼說：

> 祈禱的祕訣就是忘卻你心目中認定的需求。祈求具體之物的心態，與「先看出對方的罪過，再設法寬恕」如出一轍。因此，祈禱時，你也應放下心目中的具體需求，一起交託到上主手裡。如此，它們變成了你獻給上主的禮物；你等於向上主說，自己無意在祂面前設置偶像，你唯祂的聖愛是求。那麼除了「憶起上主」，祂還可能給你什麼答覆？你豈能讓那些轉眼即逝的問題或微不足道的建議，取代祂真正的答覆？上主只會給予永恆的答覆。人生枝枝節節的答案早已包含在這個答覆內了。（S-1.I.4）

從耶穌給海倫的私人訊息裡，就可以印證這個重要的教誨。海倫常常請教耶穌該給陷於困境的朋友什麼**具體**建議，耶穌於是這樣答覆他的筆錄秘書：

> 你只需記住，你心內藏有愛的無限禮物，可與人分享；此外，你什麼都不需要。但你必須先教會自己這一功課，而且唯獨自己，否則你的弟兄是不會從你硬塞給他的話語或判斷中學到任何東西的；你甚至不需要回他隻字片語。你不應問：「我該跟他說什麼？」而後期待上主答覆你；反之，你應這樣祈求：「請幫我透過真理而非判斷的眼光來看待這位弟兄。」上主以及祂的眾天使都會鼎力相助的。（《暫別永福》P.381）

這一觀點如此的重要，後文還會不斷反覆重申，因為它是超越小我「靈性特殊性」的不二法門，而這種特殊性正是靈修道上最大的障礙和挑戰，不管修的是《奇蹟課程》還是其他法門，也莫不如此。

(4:1) 今天我們將試著穿越自己的軟弱無能，投奔真實力量的終極源頭。

這句話顯然是第四十四課的迴響。在那一課，耶穌幫助我們深入心靈深處，越過小我的種種幻覺而直抵聖靈的真相。

(4:2~5) 今天需要練習四次，各五分鐘，愈長愈好，次數也愈多愈好。閉上你的眼睛，照常先複誦一下今天的觀念。再花一兩分鐘的時間，搜尋一下生活中最令你害怕的事情，然後一邊放下它們，一邊這樣告訴自己：

上主是我得以信賴的力量。

這段開始練習的步驟。我們若要找回自己的真實力量，必須覺知小我的種種妄念，方能跨越自己的軟弱無能。為此，前面這幾課的練習才會如此重視省察心念的功夫。我們唯有先體認出自己心中**確實有**黑暗，才可能超越這個黑暗。換言之，我們務必看清自己是如何助長小我氣焰的，才有機會將這種助長軟弱的行徑帶到自心本有的上主力量那兒。

(5) 現在試著放掉所有你因自慚形穢而生出的種種擔憂。你所

掛慮的每件事情，顯然都與你的自慚形穢脫離不了關係，否則你必會相信自己有解決的能力。你無法靠信任自己來重建信心。你必需靠自己內在的上主力量，才會無往而不利。

耶穌再次要求我們別再信賴那軟弱無能而且自慚形穢的小我思想體系，開始轉向他為我們展示的上主力量，如同他在〈正文〉的勸誡：

> 現在就辭去你自以為師的角色吧。……因你被自己誤導已深。（T-12.V.8:3; T-28.I.7:1）

(6) 認出自己的軟弱無能，是修正你的錯誤不可缺的一步，卻不足以帶給你所需要的信心，那原是天賦於你的。你還需進一步體會出，不論從哪一角度來講，或處於哪一類環境，你確有充分的理由信賴自己的真實力量。

這段話道出了〈正文〉最典型的邏輯架構：我們必須先進入到小我那一邊，才可能獲得聖靈的答覆。耶穌在整部課程不斷斬釘截鐵地強調，正視自己的小我是一切的關鍵。同樣的，他在這兒也告訴我們必須正視自己的軟弱無能，軟弱正是認同小我的結果。除此之外，我們也要明白，真愛、力量與真理原本也都存於自己心內，因著它們的臨在，我們才可能平心正視小我的一切。我們愈來愈深刻意識到，若想認同真理，尋得真正的幸福平安，不能沒有真理的化身（也就是耶穌或聖靈）在旁相伴，唯有如此，我們才可能正視自己內心陰暗的一面。這又讓我們想起先前提過的一段精彩的引文，這一回，我引用得更完整一點：

> 不願正視幻相的人，必然受制於幻相；因為「不願面對」本身即是對幻相的一種保護。你無需逃避幻相，因它傷害不了你。我們一起深入探討小我思想體系的時刻到了，只要我們同心協力，這盞明燈便足以驅散小我的陰影；你既已明白，小我並非你之所願，表示你已準備妥當了。讓我們平心靜氣、誠誠實實地正視一下真相。我們會在「小我的運作模式」這一課深入一段時間，只因你已將它弄假成真了，若想超越過去，不能不先正視它的存在。讓我們靜靜地一起化解這一錯誤，方能越過錯誤而一睹真相。
>
> 療癒之道無他，只需清除擋在真知之前的種種障礙。除非你能直接面對幻相，不再袒護，你才驅除得了它們。即使你一眼看到恐懼之源，也切莫害怕，因你已明白，那恐懼其實虛幻無比。……不要害怕正視恐懼，因為你不會真正看到它的。所謂「明朗化」，顧名思義，就是解除混淆而已；只要你能透過光明去看，你便已驅逐了黑暗。（T-11.V.1,2:1~3,8~9）

這兩段話描述了分裂心靈的兩面，不只是心靈內本有的真相，還有抵達這一真相的具體步驟，也就是正視小我的軟弱。

此外，還要補充一個重點。僅僅正視小我是不足以成事的，我們同時得有穿越小我、轉向基督的力量才行。只修一半的功課，難以獲得完整的效益。下面這段〈正文〉反映出我們要療癒的是**心靈**而非**身體**這個觀點，光是消除生理症狀，是解決不了問題的：

> 然而，這只是一半的課程，你尚未學到全部。你若只明白身體是可以療癒的，奇蹟便發揮不了真正的作用，因為這不是它要教你的功課。它要你明白，心靈必然已經生病了，才會認為身體可能生病，因為是心靈把那既無因又無果的罪咎投射到身體上的。（T-28.II.11:5~7）

為此，「放下小我」本身沒有多大的意義，如果不能同時認同基督的慈愛溫柔與毫不防衛的真實力量，我們根本不可能**真正**放下小我。別忘了，基督的力量原是我們的天賦，也是上主之子的一體生命烙印在我們心中的永恆記憶。

(7) 到了練習的後半段，試著深入你的心內，抵達真正安全之地。你若感到一種深沉的平安，便知道自己已經到那兒了，即使只是剎那的光景也好。放下那些老在心靈表層興風作浪的人間瑣事吧！向下沉潛，直到你觸及藏身其下的天國。你心內有一個地方，存有圓滿的平安。你心內有一個地方，給你無限的希望。你心內有一個地方，是上主力量之所在。

耶穌要我們放下在心中「興風作浪的人間瑣事」，只因它們全都和我們的特殊性緊緊掛鈎。把那些念頭一一交託給耶穌或聖靈，不再留戀或為它們說項，如此，才顯示出我們不與它們同流合污的決心，不再繼續維護這個個別的自我。

(8) **在這一天內，多多複誦這一觀念。用它來回應所有困擾你的事件。記住，平安是你的權利，因為你已全然信任上主的力量。**

這一段話又把我們帶回前面幾課的要旨，我們需要不斷練習把自己的煩惱帶到耶穌的具體答覆中，相信他答覆的力量，不再信賴那不自量力想要取代上主的脆弱小我。

第四十八課

沒有什麼好怕的

第四十八課的標題十分簡潔動人：沒有什麼好怕的。既然上主是我得以信賴的力量，世上的一切均不足以為懼了。「罪咎要求懲罰」這一原則乃是恐懼的溫床。當我害怕時，表示我已經把自己視為一個有罪的脆弱生命了。然而，如果我選擇耶穌作為自己力量的泉源，我便不再孤立，不再脆弱，自然不會感到罪孽深重。我既然清白無罪，又豈會把自己必受懲罰的信念投射到別人身上！這類信念一旦消失，心中自然一無所懼。這是同一的心理過程，而且永遠如此。我若想活得無憂無懼，就必須活得無罪無咎；我若想活得無罪無咎，便真的需要耶穌陪伴我正視罪咎的真相。

(1) 今天的觀念只是重申一個事實。然而，對相信幻相的人而言，那不是事實；但幻相本來就不是事實。在真相內，沒有什麼好怕的。這一點並不難體會。可是對那些仍想把幻覺弄假成

真的人，卻很難認清這一事實。

〈正文〉曾說，唯一的事實只有上主：「因祂是個『絕對的事實』，無需藉助於象徵。」（T-3.I.8:2）說到究竟，「沒有什麼好怕的」這個「事實」，正是上主實相的一個倒影。大無畏的心境徹底修正了「恐懼乃是對自己的罪的一種懲罰」這類小我心態。我們需要看破的，正是恐懼這種虛幻的本質。我們老想把幻相弄假成真，只因「我」本身就是幻相，說穿了，我真正想要弄假成真的是「我」這個個體身分。因此，我們骨子裡並不希望今天這一課是真的，因為它說的倘若屬實，「我」的存在就不是真的。這正是我們很難活得無憂無慮的真正原因。

(2) **今天的練習非常簡短容易，但需不斷地練習。你只需盡量複誦這一觀念即可。你可以在任何時刻及任何環境中張著眼睛來作。可能的話，最好騰出一分鐘左右的時間，閉起眼睛緩緩地向自己複誦幾遍這個觀念。最重要的是，一有事情騷擾你內心的平安時，立即將這觀念發揮出來。**

幾乎每一課裡都會讀到，耶穌要我們把當天的觀念套用在日常經驗上，而且鼓勵我們把種種掛慮交託到他手中。他在本課的練習同樣要我們把今天的觀念「不斷地」、「盡量」套用。不僅如此，他還極力勸勉我們，「最重要的是」，煩惱一起，就要想起今天的觀念。這其實就是要我們把自己的不安這個黑暗，帶到他慈愛之念的光明中。僅憑這一念，便足以驅散恐懼的陰影了。

(3) **恐懼是你信賴自己能力的一個最顯著標誌。體會出「沒有什麼好怕的」，表示在你心內某個地方（即使你未必清楚究竟在哪兒）已經憶起了上主，並允許祂的力量來取代你的軟弱無能。只要你甘心如此，就真的沒有什麼好怕的了。**

當我們察覺自己開始害怕時，不論這恐懼呈現為何種形式（它有時可能不是害怕，而是憤怒、消沉或悲哀），原因只有一個，就是我們又選擇小我了；或者不如說，我們已經對耶穌或聖靈下了逐客令。因此，問題就出在妄念所作的那個決定，解決之道便是接受聖靈的修正。由此可見《奇蹟課程》的單純性：一個問題，一個答案（W-79,80），這也是《課程》這一靈修工具如此有力而且效用非凡的原因所在了。

第四十九課

這一整天，上主之聲不斷向我發言

在整趟旅程中，許多奇蹟學員會在本課往前挺進一大段，但很不幸的是，他們一旦走上岔路，便會離天堂愈來愈遠。箇中的原因，有些人誤以為本課意味著「他們會**隨時隨地**聽到聖靈告訴自己許多美妙的事情」。然而，根據前後幾課的邏輯，我們顯然不可能一整天都**聽到**上主的天音，因為我們的心靈塞滿了雜念。耶穌已經為我們解釋過，雜念的起因，完全是因為我們拒絕放棄自己特殊的個別身分。這個抵制心態就反映在我們對小我特殊性之音的戀戀不捨之中，目的便是要阻止我們聽見聖靈的天音。〈正文〉有一段說得再清楚不過：

> 你一點也不特殊。你若自命特殊，必然不惜與自己的真相為敵，也要設法保全這個特殊性，那你還可能知道真相嗎？如果你請教、答覆與聆聽的對象，都是這一特殊性，你可能接收到聖靈什麼樣的答覆？上主不

斷以愛讚頌你的生命真相，你卻一味聆聽特殊性的喑啞回應。上主讚美你與愛你的雄偉讚歌，在特殊性的淫威下，只好噤聲不語。每當你豎耳聆聽特殊性的喑啞之聲時，上主對你的呼喚必然不復可聞。

只要你還在為自己的特殊性辯護，就絕對聽不到在它旁邊的聖靈之音。（T-24.II.4:1~5:1）

為此之故，縱然上主的天音在這一整天不斷向我發言（因為聖靈就在我的心內），卻不代表我**聽得見**。請留意本課標題的措辭，耶穌並未說我們整天都會**聽到**上主的天音，而是說上主之聲整天都在向我們**發言**。但我們不會聽到的，因為我們不想失去自己的獨特身分，只需看看我們如何使出渾身解數來鞏固自己的特殊性，便知道此言不假。所以說，不光是本課，我們在讀整部課程的內文時，都要特別注意這一點。

此外，奇蹟學員最愛聽但也最常曲解的，還有這句話「我們要**隨時**聆聽內在的聲音」。其實，我們除了內在聲音，還可能聽到什麼！關鍵是，小我或聖靈都有可能透過身體這個管道來「發聲」的。奇蹟學員常以為只要聽到心裡的聲音，一定就是聖靈之音，很遺憾的，他們徹底忘了自己心裡還有**另一種**聲音。上面的引言已經為我們指出，那個聲音原是企圖覆蓋聖靈寧靜微弱的聲音而特別打造出來的。這就是為什麼耶穌如此用心良苦，他想幫助我們移除自己投注於小我的心力；唯有撤除我們對小我的種種投資，才會自然而且必然「聽見」宣說真理的天音。我的妻子葛洛莉曾經提醒學員類似的話，他們相信自己在心裡聽到「彼岸」高靈的聲音，但這並不保證那位高靈的境界比我們更高，或者他的小我更少一點。說到究竟，「明辨」的功夫乃是所有靈修人士必修的重要課程，奇蹟學員亦然，他們必須學習分辨內心兩種不同的聲音。

(1) **你是可能整天聆聽上主之聲卻不至於干擾你的日常活動的。不論你覺察與否，真理所在的那一部分心靈**〔正念之境〕**始終與上主保持密切的聯繫。另一部分**〔妄念之境〕**則會遵照世界的法則來運作。因此，這一部分的心一直處於六神無主、猶疑不定的狀態。**

這並不是說，只要我們處於正念之境就無需遵從世界的法則，不幸的是，有些學員確實誤解了這一點。耶穌之所以說「遵照世界的法則」，是因為我們對世間法則早已**信以為真**。所以，再提醒一次，他並不是鼓勵我們（比方說）成為自由解放派或無政府主義者。不妨讀一下耶穌給上主之師的指示，那其實也是所有想要超越小我的奇蹟學員應該好好聆聽的：

> 有一種方式能幫你活在狀似此世又非此世的世界。你不必改變外在的生活形態，只是臉上更常掛著微笑。你的面容安詳，眼神寧靜。（W-155.1:1~3）

換句話說，他並不要我們看起來或表現得有別於一般人，唯一有待**改變**的是我們的心態，或是我們決定追隨哪一位心靈導師。我們聽從的若是聖靈，世界便成了人生教室，祂在人間的象徵自然會化為語言，成為我們傳達聖靈教誨的工具。第一百八十四課對這一點有更詳盡的解釋，我們留待後文討論。

所以說，「遵照世界的法則來運作」，不是因為我們信它為真，而是因為我們需要使用人們所能接受而且不害怕的**形式**來傳達心靈層次的真理**內涵**。這才是關鍵所在。〈正文〉開始不久便點出這一立場，提醒我們遷就人們的程度，善用對方所在的虛幻**形式**，將真理的**內涵**傳達出來。這一修正便成了所謂的奇蹟：

> 救贖的價值是無法靠它所呈現的形式來衡量的。事實上，若要真正發揮大用，它必須以最有利於領受者的形式出現才對。也就是說，奇蹟必須按照領受者所能了解而且不害怕的方式呈現，才可能功德圓滿。但這並不表示這種奇蹟就是他與上主交流的最高層次了。而是說，他「目前」所能接受的最高交流層次僅止於此。奇蹟的整個目標不外乎提昇人的交流層次，它絕不會加深人的恐懼而降低了交流層次的。（T-2.IV.5）

要知道，在背後推動我們以及指導我們的是愛的**內涵**，而不是那些傳達愛的外在形式或先入為主的觀念。唯有那個內涵才能確保我們的回應永遠慈愛而且不帶判斷，願意接受他人的現況，而不是我們希望他們變成的樣子。

(2:1~3) **至於聆聽上主之聲的那一部分心靈，則始終處於肯定不疑的安心狀態。只有這一部分才是真實的。其他部分只是瘋狂的幻覺，隨時伺機發作。**

這段話讓我想起柏拉圖在〈斐德羅〉（*Phaedrus*）有關御車夫與兩匹馬的寓言，文中詩意盎然地描繪出正念與妄念的兩種狀態：

> 我們姑且把靈魂比譬為一種協合動力，一對飛馬和一個御車人。……因此就我們人類來說，御車人要駕馭兩匹馬，一匹馴良，另一匹頑劣，……因此我們的駕馭是一件麻煩的工作。……頭一匹馬占較尊的位置，樣子頂美，身材挺直，頸項高舉，鼻子像鷹鉤，白毛黑眼，謙遜和節制，充滿榮譽感，因為懂事，要駕馭它並不要鞭策，只消一個口令便成了。至於頑劣的馬，恰恰相反，龐大、蜷曲而醜陋，頸項短而粗，面龐平板，皮毛黝黑，眼睛灰土色，躁動不安，不懂規矩而又驕橫，耳朵又聾而且長滿了亂毛，鞭打腳踢都難調度它。(〈斐德羅〉246a; 253d-e)〔譯註〕

柏拉圖這個寓言深刻影響了佛洛伊德的心理學，成為佛氏的「本我」（Id）或潛意識觀念的基本藍圖，它可說道盡了小我思想體系的本質——仇恨、謀害和邪惡的淵藪。

〔譯註〕參考朱光潛譯《柏拉圖文藝對話錄》P.188,PP.197~198。

(2:4~6) 今天試著不再去聆聽它了！試著與永遠平靜安寧的那一部分心靈認同吧！試著聆聽上主之聲對你的慈愛召喚；它反覆向你保證：你的造物主從未忘懷祂的聖子。

我們再度看到耶穌苦口婆心勸導我們認清小我的誘惑，要我們盡量抵制它，而選擇那始終活在寧靜平安中的正念。耶穌雖知我們內心的抗拒極大，依舊鼓勵我們重新選擇。畢竟，我們還在初學的階段，漫長的人生功課仍在前面等著我們。

(3) 今天我們至少需要練習四次，每次五分鐘，多多益善。我們試著諦聽上主之聲告訴你的——祂的真相及你的自性。我們將懷著信心去領受這最幸福也最神聖的念頭；而且心中明白，這樣做，我們的意願便與上主的旨意結合了。祂要你聆聽祂的天音。祂既然賜給你這天音，一定會讓你聽到的。

耶穌繼續為我們打氣，上主的天音**就在**我們心內，正無比耐心地等候我們的選擇。

(4) 深深地靜下來聆聽吧！在極度的寧靜中，開啟你的心扉。越過那覆蓋了你真實念頭且干擾了你與上主之永恆聯繫的喧囂妄想。越過這瘋狂世界的狂亂躁動的念頭、景象及聲音，向下沉潛到那靜靜等候著你的平安中。世界不是你的居所。我們努力前往之地才是你真正的家。我們努力前往的是真正歡迎你的地方。我們努力前往的乃是上主自己。

耶穌要我們**徹底**明白此生的目的何在。若要前往上主那兒，不能不穿越小我的「喧囂妄想」；而要穿越那些喧囂妄想，我們就不能不先正視它的存在。「開啟心扉」是指我們的抉擇者願意選擇聖靈的寬恕而非小我的攻擊。我們完全清楚，如果真想抵達上主之境，就不能繼續認同小我的特殊性之音。而整部的〈練習手冊〉，宗旨所在，就是一步一步帶領我們穿越這一切，邁向上主之境。

(5) **不要忘了複誦今天的觀念，且多多益善。必要時可以張開眼睛來念，當環境許可時，盡量閉起眼睛。一有機會就靜靜坐下複誦今天的觀念，閉起眼睛，不再矚目於眼前的世界，清清明明地邀請上主之聲向你發言。**

耶穌再度提到練習時張眼或閉眼的問題。在目前的培訓階段，他希望我們盡可能閉起眼睛，深深地體會有待修正的只有我們自己的**念頭**。最近這幾課裡，不斷看到他鼓勵我們隨時記得把當天的觀念套用在具體生活，「一有機會」就練習，而且「多多益善」。唯有如此，我們才會真正領悟自己真心想要的是聖靈的智慧與愛，而且這一切就在我們的心內，不在外面的世界。

第五十課

上主的聖愛支撐著我

第五十課的筆鋒開始轉變，重新開啟了幾個話題作為後文的伏筆。比方說，本課對特殊關係的說法遠比前面幾課更為清晰，即是一例。**特殊關係**和**特殊性**二詞在〈練習手冊〉雖然不曾出現過，但在本課，我們卻不難從字裡行間看出耶穌顯然是針對它們而說的。

(1) 這一觀念答覆了你今天、明天或任何時刻所面臨的任何問題。在世上，你相信自己的存活是靠外在的一切，而非上主。你把信心置於微不足道且瘋狂至極的象徵之物上：藥丸、金錢、「護身」衣、權力、地位、人們的愛戴、結交「正確」的對象，以及數之不盡的虛幻事物，你一一賦予了它們無比的魔力。

倘若我們在《奇蹟課程》的整體大座標下閱讀這一段，自然會明白耶穌絕不樂見我們因為服用藥丸、冬天加衣，或與朋友歡樂共處而生出罪惡感。本課和第七十六課「我只受上主天律的管轄」頗有異曲同工之妙，我們留待那時再探討這類警語的深意。總之，耶穌並沒有要我們放下生理或心理的掛慮，否則就犯了身體與心靈層次混淆的錯誤。這一點，他在〈正文〉早已叮嚀過了（T-2.IV.3:8~11）。凡是臻至真實世界的人，自然**能夠**不受身心需求的羈絆，因為他已**深知**身體不代表真實的自己。然而，耶穌完全了解他的學生，他對我們的心態一清二楚，因此，他要我們務必留意這套根據種種依存關係（即特殊關係）而打造出來的思想體系，從而明白自己如此信賴世間萬物的真正原委。唯有如此，我們才能不受它的蒙蔽而作出有意義的選擇。他繼續為我們揭穿這些特殊的依存關係：

(2) 你用這一切來取代上主的愛。你把這些東西當作寶貝來保全自己的肉體生命。它們全是獻給小我的頌歌。不要把你的信心置於這些毫無價值的東西上了！它們保不住你的生命的。

如前所說，我們已經明白耶穌並非要我們放棄任何令自己身心愉悅的事物，而是要我們留意自己對它們產生的**依賴**，〈正文〉稱這種依存關係為**偶像**，因為這種依賴傾向等於宣稱「上主的聖愛不夠，我還需要**更多**」：

> 世界相信偶像。唯有一心崇拜偶像的人才會來到這個世界，他期待偶像賞賜他真相所無之物。每一個偶像的崇拜者，都暗自希望他的特殊神明能給他比別人

> 更多的東西。必須多一點，不管什麼東西，多一點美貌，多一點智慧，多一點財富，甚至多一點煩惱或多一點痛苦都好。希望獲得更多，乃是偶像崇拜的目的。一個偶像若不成，再換一個，總有一天能找到更多的東西。不要被那些東西的外形蒙蔽了。偶像只是幫你得到「更多」的一種手段。這種心態徹底違背了上主的旨意。（T-29.VIII.8:4~13）

這一切原委，我們早已心知肚明，否則我們不會來到這個人間。上段引文說得很清楚，來到世上的芸芸眾生，無一不是因為想在上主聖愛之外尋求更多東西。話雖如此，請留意別用耶穌這番教誨去敲自己或他人的頭，**但要**隨時用來提醒自己這是一趟穿越特殊性的心靈旅程。如果我們真心想踏上這一旅程，總得先看清自己在特殊關係中陷得多深才行。不只這一課，〈正文〉還有多處也都說得不能更清楚了，往後我還會不厭其煩，再三提醒，用意就和耶穌一樣。他要引領我們踏上的，是一趟穿越地獄而抵達天堂的旅程。我們明白這一旅程雖然得繞一點路，卻能讓這個回歸天鄉的過程平坦一些，好走一些。

(3) 只有上主的愛能隨時隨地保護你。它會將你由所有的困境中拯救出來，將你由世上可想見的險境提升到一個徹底平安無虞之境。它會將你引度到凜然不可侵犯的心靈境界，在那兒，沒有一物騷擾得了上主之子的永恆安寧。

耶穌提醒我們，一無所懼地穿越人生夢境乃是此生的目標。一旦達此境界，我們自會領悟自己根本不在夢中，到那時，我們視為是「自己」的這個夢中人物，只是我們此刻所認同的聖愛之倒影罷了。請記住，這是需要一段過程的，本課只是為我們整趟旅程勾勒出一個藍圖，包括旅程的起點、旅程的性質（即穿越自己的特殊性），最後，才是旅程的終點。

(4:1~4) 不要再去相信那些幻相了！它們必會讓你失望。將你所有的信心置於上主之愛上，它就在你內，永恆不變，絕不會辜負你的。今天不論你遇到什麼事，答案就在這裡。

〈正文〉有不少篇章生動地描繪我們是如何把信心置於幻相上頭，比如接下來論及「不信」的一段〈正文〉，它明明白白地說，我們相信了根本不存在之物：

> 上主之子不可能沒有信仰，至於他要相信什麼，卻是他自己的選擇。「不信」，並不表示他沒有信仰，而是指他誤信了不存在之物。即便他相信的是幻相，信仰的力道依舊不減，因為上主之子會因而相信自己一無所能。結果，他不再相信自己，卻對自己的幻相堅信不疑。（T-21.III.5:1~4）

還有第二十九章「不待外求」那一節，一開始就把整節的要點全盤托出了：

> 別往身外追尋了。那註定會落空的，每當偶像破碎一

> 次，你就會哭泣一回。你無法在天堂不在之處找到天堂，而天堂之外絕無平安可言。當上主召喚時，你所供奉的偶像不會代祂答覆你。你若假造另一聲音來代你答覆，便不可能獲得祂的答覆所帶來的幸福。別往身外追尋了。你所有的痛苦都是因為你認定那兒有你想要之物，結果卻一無所獲。（T-29.VII.1:1~7）

追根究柢，我們的煩惱只有一個原因，就是不再相信「上主的聖愛支撐著我」。說得更真切一點，是我們「不要」聖愛的支撐，寧可依賴聖愛之外的任何一物（只要是在自己的心靈之外，什麼東西都行）。因此，如果我們想跳脫這個陷阱，必須不懷任何一絲的批判或內疚，好好正視自己那個可怕的妄念，如此，我們才可能進入真正清白無罪的境界，看見天賦上主之子的純潔無罪的本質。

(4:5~8) **憑著你內的上主之愛，你能毫不費力且信心十足地解決所有看似棘手的問題。今天就這樣不斷地提醒自己吧！這是你棄絕偶像的宣言。你在為自己的真相作保。**

上主聖愛的**內涵**本身便足以療癒**形式**層次「所有看似棘手的問題」。我們已經知道，整個**形色**世界不論在集體或個人的層面，全都是小我一手打造的傑作，說穿了，目的就是防止我們選擇救贖的**內涵**，因為那會終結小我在我們心中的主控權。外在的問題一旦與內在的答案分為兩碼事，問題便永無解決的可能，它只會在形式上不斷改變，從這種問題轉移為那種問題。然而，如果我們能將問題帶到內心的真相前，它便再也無處藏身，只好銷聲匿跡了。正如第一百九十三課的練習提示：「我願寬恕，這事就會消失了蹤影。」（W-193.13:3）

很清楚，這兒要我們棄絕的偶像，就是特殊關係。我們召來一堆替代物來取代上主的愛，只因聖愛深深威脅到小我的生存，而那些替代品會給我們看似如願以償的幻覺：

> 不要被偶像的外形蒙蔽了。偶像純粹是為了取代你的真相而存在。你內心必然相信偶像多少能滿全你那渺小的自我，在危機四伏的世界給你一些安全感，只因世界的強大勢力隨時都在打擊你的自信與心靈的平安。這些偶像有時確能補給你的所需，為你增添一些你原本沒有的價值。（T-29.VIII.2:1~4）

我們不難看出耶穌在這幾課的用意所在，他一心想讓我們看清特殊性的偶像之真面目，唯有如此，我們才不至於落入它的圈套。

接下來，耶穌開始要我們潛入自己的意識底層，也就是進入心靈的深處。我們已經很熟悉這類提示了，前文第四十三課的圖表給予我們一個互相呼應的全像式之了解。

(5:1~3) 今天早晚各練習一次，每次十分鐘，讓這觀念深入你的意識底層。複誦它，思考它，讓與此相關的念頭幫你認清這一真理，讓平安有如一張護身毯似地籠罩著你。別再讓無聊愚

蠢的念頭來騷擾上主之子的聖潔心靈了。

要防止這些愚蠢念頭騷擾我們聖潔心靈的最佳途徑，便是把它們看得一清二楚。倘若我們不知不覺，它們必會趁機坐大。這段話再次告訴我們，正視特殊性造出的「無聊愚蠢的念頭」（不論它呈現為何種形式），並且立刻求助於耶穌，與他一起看清它們的底細；更重要的是，看破它們背後的**陰謀**。

(5:4~5) **這就是天國。這就是你的天父永恆以來即已賜你的安息之地。**

短短一句話，再次提醒了我們此生最終的目標，也為〈練習手冊〉第一單元畫下一個美妙的句點。

前五十課到此結束，緊接著進入「複習一」。耶穌在這五十課幫助我們了解這一旅程的性質，再三督促我們認真研讀以及操練這部課程。他要我們正視自己的小我之念，並且記得向耶穌求助（我們已反覆說過無數次了）。顯然的，這個過程假定了我們的心靈已經分裂為兩部分：充滿分裂、罪咎與仇恨的妄念思想體系（亦即小我），以及接受救贖、寬恕及平安的修正之正念思想體系（即聖靈）。耶穌的任務就是訓練我們清楚分辨這兩套體系，並且請他協助我們發揮心靈的大能，選擇那位神聖的導師——唯有祂才能帶給我們真正的平安。

複習一

導　言

我在講解〈正文〉時，常常提到《奇蹟課程》的架構猶如一首交響樂，其實〈練習手冊〉也毫不遜色。交響樂曲（尤其是十八、十九世紀的作品）的主要特性就是整部樂曲分成三部分，先是「呈示部」（exposition），一開場就推出好幾個主題；然後進入「展開部」（development），精心發揮每一主題；最後則是「再現部」（recapitulation），以別有新意的方式重新展現先前的主題。我們在整部的〈練習手冊〉也看到了類似的結構。

這個結構在第一到六十課尤為明顯，我們可以看到耶穌如何高明地以交響樂形式來建構他的教學資料。前五十課為我們「呈示」而且「展開」了好幾個重要主題，然後以嶄新的形式在複習一裡「再現」這些主題。這種緊密的結構，在本篇導言的尾聲更是明白點出來，到了後文，我們很快就會看到。我的解說將聚焦於〈練習手冊〉前五十課的幾個重要主題，它們也是《奇蹟課程》的軸心思想，我會特別點出耶穌在這個複習裡如何將它們一以貫之，統合為一個整體。

大體說來，《奇蹟課程》這首交響樂是這樣進展的：〈正文〉一開篇就提出「奇蹟沒有難易之分」（T-1.I.1:1）這個中心主題，到了〈練習手冊〉，我們也在開篇那幾課看到類似的主題：「**知見**沒有難易之分」。

在本文的前三段，耶穌指導我們如何進行每課的練習，他要我們從早到晚「愈常」想起當天的觀念「愈好」。

(1:1~3:2) **從今天開始我們進入一連串的複習。每個複習都包含了前面五課的觀念，由第一個開始，到第五十個結束。每個觀念後面還加上簡短的解說，供你複習時參考之用。當你練習時，應該這樣進行：**

在一天之始，先念一下這五個觀念，包括解說在內。隨後則無需按照前後次序，只要每個觀念至少練習一次即可。每個練習至少投入兩分鐘的時間；念完一遍後，反省一下那觀念以及相關的解說。在這一天中，愈常練習愈好。假如五個觀念中有一個特別吸引你，不妨專注其上。只需記得，在一天結束之前，再把它們全都複習一遍。

練習時，對每個觀念下面的解說，無需過於拘泥於字面意義，也無需打破沙鍋問到底。試著抓到它的要點即可；再想一下與

今天的複習相關的觀念。

我們看到耶穌再次重申了「反省」的重要，而且要我們隨時把當天的觀念應用到生活裡。不僅如此，我們還注意到他強調的是練習的**內涵**，抓到它的「要點」而非它的**形式**。他並不樂見我們練習時過於咬文嚼字或拘泥細節，唯有把這些觀念普遍套用在當天的具體事件才是最有意義的事。

(3:3~4:1) **念完這觀念及其解說之後，應該閉起眼睛來練習，如果可能的話，最好找個安靜的地方獨自練習。**

由於你還在初學階段，我們才會特別強調練習的形式。

這兩句話非常重要，耶穌在此提供了一個冥想的形式。雖然他在「我什麼都不需要做」那一節告訴我們，這不是教人冥想的課程（T-18.VII.4），但他絕無反對冥想的意思，只是表明了冥想並非寬恕的必修功課而已。這一點，耶穌在本文說的比較保留，但在〈教師指南〉「上主之師應該如何度日？」（M-16）表達得較為直接。一旦把操練或冥想形式化，它們很容易變質，淪為宗教儀式或某種偶像，這就和耶穌針對「特殊性」的教誨完全背道而馳了。我在講解前五十課時一再強調，《奇蹟課程》的一大宗旨就是教導我們如何普遍運用於生活中，這一點在整部〈練習手冊〉可說表露無遺。如果我們**只能**在固定時段或特定形式下才能與上主同在、想起耶穌或記得當天的練習，可說已經違背了這些練習的初衷。為此，耶穌特別點出「你還在初學階段」。由於耶穌認定每個人都必須從階梯的底層學起，故他基本上想要從頭訓練我們的起心動念，要我們放下自以為很懂的那一套冥想沉思、祈禱及靈修，從頭跟他學起。一開始，這位老師給我們一些形式，通常都是相當簡單的練習，但他並不想讓我們把這些練習變成特殊的對象而沉溺其中。因此，他在我們進入〈練習手冊〉之初，就一再叮嚀我們，切莫誤用了這些練習。

(4:2~3) **慢慢地，你必須學會無需藉助於特殊環境，仍能把所學到的觀念運用出來。外境愈是混亂不安，你愈需要這種練習，不應只用在表面上風平浪靜的時刻。**

耶穌並不反對我們為了幫助自己安心冥想而做一些特殊的準備，他只是不樂見我們和姿勢、呼吸、蠟燭、音樂、《奇蹟課程》或任何其他東西建立起某種特殊關係。不論身在何處，一個人快樂與否絕非藉著改善外在環境，而唯有改變自己的想法，才可能**真正**快樂，這才是關鍵所在。總之，他並不反對我們為了專心或放鬆而做的任何安排，但要切記隨時警惕，任何彰顯特殊性的儀式化傾向，其實都已**違背**了練習的初衷。

(4:4~5) **這一學習的宗旨是要療癒你的煩躁不安，讓你的心安定下來。你無法藉由逃避它們或退隱到一個避風港而得到心安的。**

容我再強調一次，耶穌並非說我們不該冥想，或不該設定練習的時段。相反的，這正是〈練習手冊〉前五十課一直在教導我們的。耶穌只是讓我們明白自己仍在初學階段，而他要領我們去的境界遠遠超乎於此。〈教師指南〉在講解「如何修練聖靈的正義」時有一段動人的描述，讓我們瞥見了這個「遠遠超乎於此」的境界：

> 正義與真相之間沒有本質上的矛盾，正義只是邁向真相的小小一步罷了。只要踏出了這一步，它就會將你領至另一方向。你此行所遇到的壯麗景觀和遼闊的視野，絕不是你舉步之初預想得到的。隨著腳步的前進，即使柳暗花明，日臻佳境，但與此路的盡頭，時間告終之境的奇絕景觀相比，它就相形失色了。然而，千里之行始於足下。這個起點就是正義。（M-19.2:4~9）

由此可知，固定的練習時段和冥想形式只是入門的方便法門而已。

(5:1) **你遲早會明白，平安原是你生命的一部分；只要你能接納自己所面臨的任何場景。**

這一句話告訴我們，我們不僅能在寧靜時刻享有平安，**而且更要**在周遭天崩地裂之際也能享有平安才行。比如說，當我們自己或家人被病魔打倒之際，當憤怒與指責排山倒海而來之時，以及當自己陷於內疚、焦慮、恐懼，乃至於種種業力現前的時刻。在這類時刻，我們特別需要想起耶穌和他的教誨。如果我們只能在身心寧靜之時求助耶穌或享有平安，豈能稱得上修行？給予自己一段寧靜的時光，固然可以幫助我們進入**內心**，但這僅僅是訓練過程的一部分而已。一旦熟悉了這個往內看的過程，**每當**我們發現自己又要聽信小我之際，那寧靜中的平安便會立即讓我們覺察到「該撤換老師」了。

(5:2) **你終會明瞭，自己的生命無所不在，你的平安也像你自身一樣無所不在。**

這就是我們練習的終極目標：學習把具體的功課**普遍套用**在每一種生活處境，也就是運用在所有的關係、所有的事件，而且必須隨時隨地，絕無例外。根據《奇蹟課程》的關鍵形上原則——外面那個世界根本就不存在，表示真正的世界是在我們**心內**，只有這兒，才有平安可言。進一步說，身外既然沒有世界，它又怎麼影響得了我們。這是我們最需要學習的功課，也是我們用心研讀及操練這部課程的真正目的。

(6:1~3) **你會發現，為了達到複習的目的，有些觀念並不全然採用它們先前規定的練習形式。你就按照當天所給的方式去練吧！無需沿用它們原有的詞句，也無需依循先前建議的運用方式。**

看到耶穌的彈性沒有？我們應效法他，不要拘泥於練習的**形式**，而應把焦點放在形式所指向的**內涵**上。

導言最後一句預告了整個「複習一」的基本方向：

(6:4) **我們此刻著重的乃是前五十課觀念之間的關聯性，你會從中看到一個結構緊密的思想體系。**

意思是說，耶穌即將在這十課的複習中串連起所有的主題，讓我們看清其中的一貫性與整體性。所謂「結構緊密的思想體系」，即指《課程》任何一個主題或觀念必會延伸成另一觀念，它們有內在的一貫性。我先前說過，前五十課的一貫主旨就是修正我們的妄見。我們一而再、再而三看到耶穌如何苦口婆心地想讓我們明白「自己的想法決定了眼前世界」的道理，這也可說是「投射形成知見」最詳盡的解說，這個原則在〈正文〉也提過兩次（T-13.V.3:5; T-21.in.1:1）。耶穌是這麼描述的：我們往內看時，驚駭地發現自己內心充滿了罪咎懼之念，於是迫不及待將它們投射出去；這一投射構成了我們心目中的外在世界之**因**，也因而，在我們的經驗中，世界被扭曲為一個**果**。故耶穌才說，這是治因而非治果的課程（我們先前已經引述過）（T-21.VII.7:8）。也就是說，這部課程不是教導我們如何改變世界或改善自己的行為，而是改變自己內心充滿判斷及攻擊的念頭。

耶穌還說，我們自以為的想法根本稱不上是一種想法，因為我們的想法和他及上主的想法恰恰相反；而凡是與上主以及聖愛的一體生命相反之念，根本不可能存在，因此，我們的攻擊、焦慮以及判斷之念也不可能存在。不幸的是，我們精神錯亂的心靈不僅認定它們存在，還進一步把虛幻的分裂與仇恨之念投射出去，才會看到那個原本不存在的世界，只因它源自一個根本不存在的念頭。為此之故，我們的想法才是一切問題的所在，也是我們有待拯救之處。而所謂的救恩，不過是教我們修正這些錯誤想法，選擇和平之果而非衝突。〈正文〉以下這一段話，我們雖然早就耳熟能詳了，在此仍值得重述，這次我多引了幾句：

> 救恩可說是超越這類自我概念的解脫境界。救恩關切的不是心靈的內涵，而是心靈自認為它能思想的那種心理。凡能胡思亂想的就會有選擇的餘地，還可能看見不同想法所形成的不同結果。（T-31.V.14:3~5）

前五十課還有一個重要主題，就是「決定」，或說「改變心念」。這些練習之所以能痛下針砭，即是幫助我們意識到自己究竟在幹什麼。唯有如此，我們才有機會把自己的憤怒與判斷之念轉為寬恕與平安之念。只要我們選擇了正念，它們便會自動向外推恩，如此一來，我們的眼光便提升到耶穌所謂的「慧見」了。然而，外在世界未必會跟著轉變，大多數時候，世界依然故我，唯一改變的是我們看待世界的目光，也就是我對世界的詮釋。唯有鍥而不捨地持續寬恕，終有一天，我們會抵達基督的慧見或說聖靈的正見，唯獨這種正見才可能看見而且深知唯一聖子與生俱來的同一生命本質。

總結一下，複習的主旨是幫助我們意識到自己的攻擊之念與眼前世界之間的關聯，唯有聆聽耶穌敦促我們改變心念的請求，允許他成為我們看待萬物的智慧之源，才有可能修出真正的慧見。當然，複習裡還提到幾個次要主題，我也會順帶講解。在這十課複習的諸多主題當中，慧見是一切的關鍵。我們馬上就會讀到了。

第五十一課

今天的複習包括以下的觀念：

在進入複習以前，我要先講一件軼事，這件事或許會讓絕大多數的奇蹟學員感到不解（至少是比較隨意讀書的學員）。海倫曾經鄭重其事**要求**耶穌，每一課複習的前導句都要「不一樣」。接下來的幾課，我們馬上就會看到耶穌換了多少種不同的形式來表達這句「今天的複習包括以下的觀念」，簡直令人歎為觀止。

(1:1) (1) **我所看到的一切，不具任何意義。**

耶穌一開始就強調，我們所看到的一切不具任何意義，因為我們之所見全都出自判斷與攻擊的**妄念**。

(1:2~5) **其中的理由是，我看到的一切都是虛無，而虛無沒有意義。我必須先認清這一點，才可能學會看見。目前我自以為是的看見，取代了慧見的地位。我必須先認清它毫無意義，甘**

心放下，慧見才有取而代之的可能。

顯然的，耶穌是在說我們的心靈分裂了。我們原本是有能力透過聖靈慧見來看待一切的，小我為了阻撓這一切，才會用攻擊及分裂之念來覆蓋本有的慈愛之念。因此，我們若不先看穿自己肉眼所見在本質上是如此的虛幻且無意義，我們便不可能找回慧見。我們之所以存心選擇虛妄知見來取代慧見，目的就是為了保全小我。究竟而言，就是分裂出去的個體之我設法保護自己的個體身分，使我們認不出此生唯一的存在意義就是寬恕。

(2:1) (2) **我所看到的一切，對我所具的意義，完全是我自己賦予的。**

(2:2~4) **只要是我目光所及之物，我都作了判斷，我之所見僅限於此。這不是慧見。它只是實相的一個幻影，因為我所下的評判根本與實相不符。**

這段話重述了「我們眼前的世界根本不存在」的道理，只因它出自判斷之念，而連這念頭本身都是虛幻的。請記住，小我思想體系中的每一念都是為了抵制「我們從未離開上主」這一救贖真相。也因此，我們所看見的一切事物，全是「我們已和生命源頭及真理實相分離了」這個原始判斷的殘骸或陰影，僅此而已。究竟而言，整個三千大千世界都是由這個基本幻覺所衍生出來的。

(2:5~6) **我願意承認自己的判斷缺乏可靠性，因為我想要真正看見。我的評判對我一向有害無益，我不願再根據它們去看事情了。**

請聽，耶穌在向我們清明的理性之心喊話。他願我們明白，我們對念頭的妄用以及看待世界的方式，「對我一向有害無益」。然而，小我卻打造了一套防衛機制，擋在我們的攻擊之念以及它引發的痛苦之間，這巨大的間隙讓因與果互不照面。於是，時空世界便應運而生了，它就是讓因果互不照面的那個大間隙，如此，我們才能理直氣壯地把痛苦歸咎於讓我們「身不由己」的外在力量（T-19.IV.四.7:4）。在小我眼中，這種投射簡直妙用無窮。就在它日復一日的「潛移默化」之下，我們愈來愈相信這些苦既不是自己的錯，也和我們抵制上主及聖靈的那個選擇毫無關係；是這具身體、外面那些人、這個世界，才讓我們深受此苦的。總之，必然是某人或某事害的，**只有**我是無辜的。

由此可見，這幾課的宗旨是要把**果**帶回**因**那裡。如此，我們才可能體會出「只有自己的評判傷害得了我們」。持續操練下去，終有一天，我們會恍然大悟，幸福或痛苦，平安或衝突，此生命運的決定權，確實操之於自己的心靈能力。

(3:1) (3) **我並不了解我所看到的一切。**

(3:2~4) **我既然對自己所見之物已經下了錯誤的評判，怎麼還**

可能了解它？我所看到的只是自己錯誤想法的投射罷了。我不了解我之所見，因為它根本不可理喻。

這是學習謙虛的開始。我們總是認定自己才是對的：我看到的就是真的，我聽到的就是真的，我對某事的看法就等於我說的那樣，因為**我**說了算。只要能言善道，我就能輕而易舉讓一堆人附和我的看法。這簡直是集體瘋狂！法文說folie à deux——兩人共有的幻覺。我們不妨把兩人換成十人、百人、成千上萬、百萬，甚至上億，因為全部人類都共用同一幻覺。正因如此，我們不可能真正了解任何事，也無法從任何人那兒得到真實的見地。只要我們心中仍有一絲判斷、特殊感或分裂感，據之感覺而得的任何結論就必錯無疑，殊不可信。

(3:5~8) **我無需費心去理解它。但我卻有充分的理由捨棄它，為那可能看見、可能了解以及可能去愛之物騰出空間。只要我願意，我就能把目前所見之物換成那些東西。這一決定豈不勝過我以前所作的抉擇？**

想要獲得慧見，首要之務，莫過於單純的願心，如實地操練。我們一再看到耶穌在向心靈的**選擇**能力喊話：我們究竟要選擇慧見還是判斷？幸福還是哀傷？平安還是痛苦？我們若想作出不同的選擇，必得深切意識到自己確實有選擇的能力，而且這個能力就在自己心靈裡，而非世界或任何外人。

(4:1) (4) **這些念頭不具任何意義。**

(4:2) **我所意識到的種種想法，不具任何意義，因為我存心由上主之外去想。**

善哉斯言，真可說是一語道盡！最能代表上主的莫過於聖靈、耶穌或這幾課的思維了。我們的想法如果和這些思維不一致（好比說，抓著怨尤不放，生起攻擊之念或是形形色色的特殊需求），我們便**不是**真的在想，這些胡思亂想出來的結果，必然也不是真的存在。請記住，因與果是一體不分的，幻覺只可能衍生出更多的幻相。

(4:3) **我稱之為「我的」想法，其實並非我真正的想法。**

之所以這麼說，原因只有一個，就是它們不折不扣是「我的」想法。耶穌想盡辦法讓我們明白，當我們說「這是我的」或「這就是我」，不論是指「我的」想法、所見、身體，或由此衍生的任何東西，必然全是虛妄的。因為它們全都建立在分裂與特殊性的前提上。在無始之初，小我就對上主說過：「這是我的。我**屬於我**，不屬於你。我不再是你的一部分，而且我這樣做才是對的！」這種心態必錯無疑，因為上主只有一個聖子。外表看似不同的聖子，本質上毫無差別。我們對於個人財產或特殊身分的執著，不過是想要覆蓋那個既「非個人」也毫「不特別」的自性而已；在自性內，我們與全部人共享同一生命，我們就是「全部」。

(4:4~5) **我真正的想法是與上主一起想出來的。我之所以意識**

不到它，因為它已經被我的想法取代了。

耶穌反覆說，我們編出自己的想法，原是為了取代自己與上主共有的想法。我們之所以如此做，只因我們一心一意想要一個「我」。為此，我們如此珍愛第一人稱**單數**以及它的所有格——「我」和「我的」。小我不斷耳提面命的，正是這個「我的」，而絕不是「我們的」。

(4:6~8) **我願意承認自己的想法不具任何意義而拋諸腦後。我決心撤換掉它，並請回原本就該取代它的真實念頭。我的想法毫無意義，但我與上主共有的想法則涵蓋了整個造化。**

耶穌再次提醒我們，我們是有選擇的。他還不斷鼓勵我們選擇**上主的**聖念來取代**自己的**念頭。這一聖念就是：祂的聖子仍是祂所創造的祂。

(5:1) (5) **我絕不是為了我所認定的理由而煩惱。**

(5:2) **我絕不是為了我所認定的理由而煩惱，因為我不斷設法為自己的想法自圓其說。**

我們一旦決定活成一個個體生命，擁有第一人稱單數的所有格形式，此後我們就得不斷為這個存在辯護。「無辜的面容」就是這麼形成的：為了證明一切不是我的錯，我要盡可能把愈多的人拉到身邊，來證明自己確實是個十足的受害者。這是輕而易舉之事，因為偌大的世界為我們提供了取之不盡、用之不竭的投射對象。最有意思的是，我們**每一個人**都想盡辦法證明自己的無辜，確保自己這獨立個體的存在，卻要**別人為這罪名負責**，理當受罰的是他們，自己就如此這般地脫罪了。

(5:3~7) **我不斷設法把它們弄假成真。我把所有的東西都視為仇敵，如此，我的發怒才會情有可原，我攻擊時才能理直氣壯。我從未意識到，我是如何賦予它們這類角色而妄用了眼前的種種事物。我這樣做，其實是為了保護那對我有害而我再也不想要的思想體系。我已經準備好放下它了。**

首次操練〈練習手冊〉的學員通常不太留意字裡行間的深意。我十分希望奇蹟學員反覆研讀《課程》多年之後再回頭用心操練〈練習手冊〉，必會驚訝地發現耶穌說的原來是這個意思！上面這一段話即是最好的實例。

耶穌在此代我們發言，期待有一天我們自己能夠說出：「我現在就要下定決心認錯，我為自己的想法有誤而欣慰不已，更高興知道自己心裡還有另一位導師，而且祂始終是對的。」這一決心包含了放下憤怒、判斷、傲慢，以及沉迷甚深的特殊性，最後則是自己的個體性。不僅如此，我們同時還必須撤回自己擅於利用他人來鞏固「投射」的積習——這種防衛機制若非把他人打入「特殊的愛」，就是「特殊的恨」。表面看來，前者把對方當成結合的對象，後者則是與之分裂的對象。然而，不論屬於哪一者，小我都必須證明自己是無辜的，故不能不透過攻擊與批判，讓別人成為代罪羔羊，要他們為我們投射出去的罪過負責。小我竊望這個偷天換日的瘋狂把戲能讓自己逃脫天譴。如今，我們總算可以欣然地說：「我願選擇另一條路了！」

第五十二課

今天的複習包括了以下的觀念：

正如前文所言，我們在此看到耶穌繼續為我們串連前面幾課的主題。本課進入的是「寬恕」主題。

(1:1) (6) **我煩惱，是因為我看到了根本不存在的事物。**

(1:2~8) **實相絕不可怕。它不可能令我煩惱。實相只可能給人圓滿的平安。當我煩惱時，通常是因為我已用自己營造的幻相取代實相了。幻相令人不安，因為我賦予了它們真實性，反而把實相視為虛幻。上主造化中，沒有一物會受我的顛倒妄想所影響。我一向無端地自尋煩惱。**

這段話又為我們清楚解釋，若不了解背後的形上理論，我們絕不可能讀懂這部課程，更遑論要好好操練了。初入門者未必需要具備這一基礎，但只要一路踏實研修下去，我們遲早會看出奇蹟形上理論架構是如何貫穿全書的。依照這個理論架構，外在世界既然出自一個不可能存在的念頭，世界本身也不可能存在，因此，為它而煩惱根本是毫無道理的事。

事實上，我們很怕知道真相，因為它會瓦解我們自己幻想出來的分裂思想體系，連「我們不只可能存在於上主之外，還是一個既定的事實」這種瘋狂念頭，也會徹底崩毀。為此，小我最害怕我們選擇真相了。難怪耶穌在〈正文〉會說：「你〔我們〕害怕的其實不是十字架。你〔我們〕真正恐懼的是救贖。」（T-13.III.1:10~11）小我不斷恐嚇我們：「真相太可怕了，看看你幹的好事，你不僅與愛分裂了，還把它毀了！」在這種恐嚇之下，我們才會感到所有的懲罰都是罪有應得的。幸好，聖靈傳授了另一套救贖原則，明白揭示我們**從未**與上主分裂，因此沒有什麼好怕的，什麼也沒發生，「連天堂之歌的一個音符都不曾錯過」（T-26.V.5:4）。只要我們不再相信罪的存在，自然不怕天譴。罪咎懼的思想體系全是小我虛構出來的，恰如李爾王的哀歎：「虛無只會導入虛無！」

(2:1) (7) **我所看到的只是過去的經驗。**

(2:2~4) **當我放眼望去，我詛咒自己所看到的世界。我稱這為看見。我抓著過去的經驗，與所有的人與物作對，且視為仇敵。**

凡是熟悉奇蹟形上理論的學員，讀到這段課文馬上就明白此言真實不虛。我們與上主為敵之後，個體之我才開始存在。

這個分裂念頭被那唯一聖子投射出去，分裂成億萬個碎片而形成三千大千世界。更糟的是，那原初之念始終如影隨形進入了每一個破碎生命。正因如此，「非此即彼」的原則才會主宰著我們的思維及經驗：我若想（獨立）存在，得把其他人都幹掉才行。此外，我們還巧妙地在自己的世界塞進不少特殊之愛的夥伴，覆蓋自己那最終的陰謀。縱然如此，我們依舊抓著過去的經驗，與所有的人與物作對，甚至視為仇敵。試問，「過去」究竟是什麼？不就是罪嗎？我們將過去的罪投射出去，如今才會在每一個人身上看到罪的蹤影。事實上，我們自以為看到的那個充滿分裂與罪的世界，其實並不存在。那種看見，絲毫稱不上是真的**看見**。問題是，我們如此相信自己不只能想、能聽、能看，更糟的是，我們還認為自己了解一切。這正是我們最大的傲慢。

(2:5~7) **當我寬恕自己，並憶起我的真實面目時，我才會祝福所見到的每一人每一物。過去並不存在，因此仇敵也不存在。我要懷著愛心去看我以前視而不見的一切。**

我不僅僅**會**祝福每一個人，而且我**必然**會祝福每一個人，因為我心中如果只有上主的祝福，那麼我眼中也只會有祝福。同理，如果我意識到自己是上主的兒女，我從未和祂分離，因而也沒有什麼罪可言；既然沒有罪，就沒有過去，顯然也沒有投射的必要了。於是，我只會在萬物當中看到愛的祝福，因為我自己已經領受了寬恕之念的祝福。

(3:1) (8) 我的心裡塞滿了過去的念頭。

(3:2~3) 我所看見的只是自己的想法，我的心裡塞滿了過去的念頭。那麼，我還能看出什麼真相？

只要我認定自己是一個特殊的個體生命，或者說，只要我還認為自己舉足輕重，是個有頭有臉的人物，慧見當下便失去了立足之地。這類「我、我、我」的症候群不過是要凸顯我的存在，我還會要求別人也如此尊重我。但在同時，我暗地裡其實指望別人**不**尊重我，這樣我的小我就可以大作文章了——我成了永恆的受害者，而你則淪為永恆的加害者。如此一來，我不只保存了小我心愛的分裂，還能持續享受罪咎的佳餚。

(3:4) 願我記住，我著眼於過去，是為了防止現在進入我的心中。

「願我記住，我著眼於過去，是**為了**防止現在進入我的心中」，只要細讀這句話，便能體會到它道出了背後那個目的。我們之所以緊抓著過去及攻擊念頭不放，必然有其目的——防止現在、神聖一刻以及耶穌的愛「進入我的心中」。因為我們一旦進入他的愛，自己這個充滿怨恨的個體生命便無以立足了。說穿了，失去特殊身分，才是我們真正害怕的。

(3:5~6) 願我看清自己存心用時間來抵制上主。我要學習放下過去；同時明白，這樣做，我並未放棄任何東西。

我們再次看到了時空世界隱藏的目的。小我利用「過去、現在和未來」這個線性時間來鞏固自己深藏不露的「罪咎懼」思想體系。小我的虛無（nothing）就這樣遮蔽了上主的一切（Everything)，我們再也想不起那個境界了。

(4:1) (9) **我看不出任何事物的當下真相。**

(4:2~4) **倘若我看不出任何事物的當下真相，這其實等於說，我什麼都沒看見。我所能看到的只是當前的一切。這並不是在「看見過去」或「看見現在」之間作一選擇，而是在「看見」與「看不見」之間作個選擇。**

我們絕不可能看到過去的，因為過去、罪以及分裂根本就不存在。為此，我們自認為看到的一切（包括過去的記憶以及眼前之所見），全是自己有罪的過去投射到別人身上的。由此可知，我們看見的一切其實並不存在。僅憑這一點，就足以證明我們的心智失常到什麼地步了。

(4:5) **我過去選擇著眼之物，使我失落了慧見。**

這正是我選擇如此看的原因！在基督慧見下，聖子奧體是一個生命，裡面沒有什麼重要或特殊的人物，全部都一樣。**同一**目的反映出上主唯一聖子的**同一性**。只有基督的慧見才有憶起天堂真知的能力，所有的知見則是為了抵制這一真知而打造出來的。

(4:6) 現在我願重新選擇，因為我要看見。

請留意，耶穌是多麼強調心靈的選擇能力。縱然我們對慧見的恐懼猶深，還未準備好作選擇，但至少，我們也該認清自己是有選擇餘地的，然後，記得寬恕自己仍然無法作這個選擇。

(5:1) (10) 我的想法不具任何意義。

(5:2~5) 我並沒有純屬私人的念頭。然而，我所意識到的卻盡是私人的念頭。這些念頭究竟有何意義？它們根本不存在，因此不具任何意義。

我的想法毫無意義，只因它們屬於「我的」。它們是建立在分裂與排外的基礎上，與天堂的一體生命以及那既**不具體**（non-specific）且**無私人性質**（non-private）的實相恰恰背道而馳。

(5:6~7) 然而，我的心是造化的一部分，也是造物主的一部分。難道我不願加入整個宇宙的思維，難道我願讓那微不足道、漫無意義的「私人」念頭遮蔽了那真正屬於我的一切？

請特別注意，耶穌說的是「真正屬於我的一切」，而不是我**認為**屬於我的東西（它們只是特殊性的餘孽而已）。唯有愛、永生、真正的自由和完美的一體，才是**真正**屬於我的天堂禮物。

耶穌顯然不把我們的個體存在當作一回事，他也拜託我們別看得那麼重要。問題是，我們對個體性的重視遠遠超乎自己所意識到的程度。凡是認真操練《課程》的人必會愈來愈清楚自己究竟有多麼重視個體價值，又多麼看重權威那一回事，並且多麼執著於自己所信的那一套因而排斥別人的不同看法。請記住，每當你意識到自己這種傲慢時，不要批判自己，只需明白這種想法確實出於傲慢，而且那不過是個愚昧的錯誤罷了！如此就夠了。

不只這幾課，我們在讀整部課程都會感受到耶穌傳述真理的口吻如此堅定、毫不妥協，同時，他不會為了我們的錯覺幻想而批評我們。他偶爾不免糗我們一下，但絲毫沒有責備或懲罰的意味。他只會說：「拜託你承認自己想錯了，我這一套才是對的。你若始終執迷不悟，永遠不可能快樂的。我也絕不會懲罰你，是**你**在懲罰自己。我只能耐心等候你回心轉意，但你何苦延誤幸福的來臨？」為此之故，耶穌兩度在〈練習手冊〉問我們：「你為什麼還在等待天堂？」（W-131.6:1; W-188.1:1）

第五十三課

今天我們將複習以下的觀點：

此課為我們點出自己的心念和世界的內在連結，雖然耶穌在前文已經提過這一連結了。

(1:1) (11) **我那無意義的念頭，顯示給我一個無意義的世界。**

(1:2~4) **我所覺察到的念頭既然毫無意義，那麼，使它活靈活現的世界也不可能有意義。這世界既是出自神智失常的結果，那麼，世界造出的一切必非善類。實相是不可能神智失常的，我有真實的念頭，也有神智不清的念頭。**

這個世界是我們的個體性、有罪感以及特殊性這類念頭打造出來的。它的起因既然是我瘋狂失常的念頭，那麼，世界這個「果」必然也同樣的瘋狂失常。**因**與**果**永遠不分，因為它們原是一個。幸好，實相沒跟著世界一起發瘋，不論小我怎麼抗議，怎麼扭曲，把上主說成瘋狂、憤怒、報復之神，然而，

「上主的想法則恰恰相反」（T-23.I.2:7）。正如耶穌在前五十課裡說的，我們的心靈已經分裂，同時具有不真實的怨尤之念以及真實的慈愛之念，端看我們選擇哪一個，那一個對我們就會變成真的。耶穌一直想點醒我們，我們變得這麼不快樂，活得這麼淒慘，只因為我們選擇了一堆不真實的攻擊、判斷和特殊之念。終有一天，這個慘境會迫使我們重新選擇的：

> 人忍受痛苦的耐力雖高，終究有其限度。遲早，心靈會隱隱地冒出一念：「一定還有更好的途徑才對」。當這一體會愈來愈根深柢固時，便成了人生的轉捩點。（T-2.III.3:5~7）

(1:5) **因此，只要我遵循自己的真實念頭，就能看到真實世界。**

這就是慧見下的世界。這個**內在**世界再也沒有分裂或判斷的念頭，這個心念世界超越怨尤夢境之上。唯有在那兒，我們終於能看清夢境的真實面目。至此，我們離上主只有「一剎那」之遙了，在旅程的「最後一步」，上主會俯身將我們接到祂那裡去。對此，〈正文〉有一段動人的描述：

> 於是，你的天父便會俯身向你，為你踏出最後一步，把你接到祂那裡去。（T-11.VIII.15:5）

「真實世界」這一主題，後文還會繼續深入。

(2:1) (12) **我煩惱，是因為我看到了一個無意義的世界。**

(2:2~7) 神智不清的念頭，必會帶來煩惱。它們所構成的世界必然亂無章法。一個出自顛倒妄想的世界必定全面受制於無明，而無明亂世是毫無法理可循的。在這種世界裡，我不可能活得平安。謝天謝地，這個世界不是真的，我根本無需著眼於它，除非我寧可敝帚自珍。而我決心不再重視那徹底神智失常又毫無意義的世界了。

耶穌在「無明亂世的法則」那一節故意將「法則」一詞加上引號，提醒我們那根本稱不上什麼法則，因為它們毫無章法可言，只有上主的天律才算**真正的**法則。耶穌在此雖未深入解釋，但他說「無明亂世是毫無法理可循的」，意思是一樣的。

在我們決心**不再**重視那「徹底神智失常」的世界以前，總得先承認世界**真的**瘋狂無比。最能幫助我們體認這一事實的捷徑，莫過於看出這世界讓我們活得這麼不快樂，我們那些出於特殊性的欲望即使得到了滿足，也僅僅是一時的快樂，不曾帶給我們幸福，更別提上主的平安了。它們最多只能安撫一下小我，與天堂的平安完全是兩回事。這些神智不清的念頭之所以帶來煩惱，根本的原因是它們勾起了我們原初的無明一念，讓我們深信自己必遭天譴。底下是〈教師指南〉一段精闢的描述，讀得令人毛骨悚然。小我警告我們那瘋狂的分裂之念導致的後遺症，加上怪力亂神念頭的推波助瀾，結果我們不是在別人身上看到這一苦果，就是自己深受其苦，或者一起沉淪：

那些〔怪力亂神〕念頭只會重新喚醒沉睡的罪咎，雖然你將它藏於心底，始終不願放棄。每個罪咎都毫不留情地提醒你驚駭的心靈：「你已篡奪了上主之位，切莫以為祂會就此罷休。」這是對上主的恐懼最冷酷的寫照了。因為罪咎就是靠這一念而把瘋狂推上了神的寶座。如今，希望已經破滅。除了置祂於死地以外，你別無出路。這是你唯一的「得救」之道。憤怒的父親開始向他罪孽深重的兒子討債了。你若不痛下殺手就得坐以待斃，這是你當前的唯一選擇。此外別無出路，因為你所做的一切已經覆水難收了。斑斑血跡是永遠清洗不掉的，手沾血腥的你，不能不以死亡來償命。（M-17.7:2~13）

唯有寬恕，能夠幫助我們識破這一瘋狂思想體系的殺傷力，接受它的真實面目。這一了知所帶來的奇蹟，終將帶領我們跨越人間的瘋狂幻相，直指永恆生命的清明境界，一切全拜這一了知之賜，我們怎能不由衷感恩！

(3:1) (13) **無意義的世界令人恐懼。**

(3:2~5) **徹底的神智失常必會激起人心的恐懼，因為它完全不可靠，令人無法信賴。沒有任何瘋狂之物是可靠的。它無法給人保障及希望。然而，這種世界不是真實的。**

唯一的實相即是天堂，它值得我們全心信賴，因為「唯有上主存在」，這是千古不易的真理。至於世界，我們都有經驗，它是完全不可信賴的，因為它存在的本質即是如此。光憑這一點，我們便知道世界本身以及我們所有的世間經驗都不可能是真的。前文已說過，真正導致我們等待天譴而且不敢信任任何人的，是從罪的信念衍生的咎。我們為了保護自己不受外在的傷害而使出各式各樣的防衛伎倆，結果使得原有的分裂更加根深柢固。回想當初，我們不正是因為分裂信念而生起防衛之心？我們就這樣落入了「罪咎—攻擊，攻擊—罪咎」的惡性循環，千秋萬世，愈演愈烈。除非我們在真相內揭發它背後那一套前提，否則它只會繼續分裂下去，永無止盡。

(3:6~8) **我曾賦予它一種虛幻的現實感，也因著我對它的信念而自食其果。現在，我決心撤回這一信念，將我的信賴轉向真相。憑這抉擇，我便能擺脫這恐怖世界的種種後遺症，因為我已認清了它根本就不存在。**

這段課文再次提醒我們，把自己所受的**苦果**，和批判、攻擊與特殊性之念這些**苦因**聯想在一塊。縱然我們用盡控制、操弄以及威脅利誘的手法來武裝自己，也無法幫我們由恐怖世界脫身。若想搞定這個世界，唯有明白「根本沒有世界要搞定」這個道理。然而，真正需要嚴加搞定的，是我們的念頭。耶穌就曾溫柔地規勸海倫「你過於放縱自己雜念紛飛」（T-2.VI.4:6）。面對變化莫測的世界，大多時候我們只能束手無策，但對於自己心內飄忽不定的紛飛雜念，我們卻是大有可為之處，再說，我們也必須有所作為。那些雜念居心叵測，幫我們死守著個體性、自我概念以及自己的存在，讓我們在世間永不得脫身。唯有認清雜念背後的企圖，我們才發揮得了決定的能力，由小我的分裂目標轉向聖靈的救贖目標。也唯有改變小我暗藏的私心，我們才擺脫得了痛苦、焦慮以及恐懼的苦果。

(4:1) (14) **上主從未創造過無意義的世界。**

(4:2~6) **上主既然從未創造過無意義的世界，它怎麼可能存在？上主才是一切意義的源頭，唯有真實之物方能存在祂的天心內。也存於我的心中，因為那是祂與我一起創造出來的。既然完美的造化才是我的家鄉，我為什麼還要繼續為自己神智不清之念所引起的後患所苦？願我勿忘自己的抉擇所具的威力，並認清何處才是我真正的家鄉。**

在此，我們又看到耶穌如何一再回到這些練習的主題曲：實相、幻相，以及從中選擇的心靈能力。這一段極其重要，因為我們最大的問題就是經常忘了自己有選擇的能力。小我築起一道又一道的障礙，令我們徹底遺忘自己還有心靈，更別提那個抉擇能力了。說穿了，小我之所以打造出身體與大腦，就是不讓我們意識到心靈的存在，將我們打入失心狀態，活在一具被大腦操控的肉體裡，而且這大腦還自認為能夠獨立思考，其實它只是為無意識的心靈傳達念頭而已。這些念頭不出兩類，一類屬於小我體系，相信無意義的生命已經戰勝了有意義的生命，另一則是聖靈的救贖原則，深知小我之念虛妄不實，因它存於上主天心之外，是不可能帶來任何後遺症的。不論我正在作什麼瘋狂得多麼離譜的夢，我始終安居上主家中，而且多虧聖靈將這個記憶護守於我們的正念裡，如今，我終於能夠憶起這一真相而重新選擇了。

(5:1) (15) **我的想法乃是我自己營造出來的意象。**

(5:2~4) **我所見的一切，只不過反映出自己的心念。是我的念頭不斷告訴我：我在何處以及我是何人。我看到的若是一個充滿痛苦、失落與死亡的世界，這不過顯示了，我只看到了自己神智不清之念的投影罷了，我並沒有讓自己真實念頭的慈光照在我所見的萬物上。**

這幾句話提醒所有奇蹟學員一個不可輕忽的層面。許多學員否認眼前這個充滿痛苦、失落及死亡的世界，反過來努力宣揚世界美妙無比，而且還是上主或耶穌計畫的一部分，他們甚至還期待千禧年的來臨會為世界各地帶來療癒，讓光明籠罩全人類。問題是，我們若不敢正視世界既瘋狂又痛苦的一面，只是一味樂觀看待世界，那麼，我們便永遠無法認出潛藏於自己心內的苦因。**若想看清自己心靈的瘋狂失常，唯有一途，就是看清眼前世界的瘋狂失常**。如果我們依舊冥頑不靈，自圓其說地堅稱世界何其美妙，不但充滿了美妙的人事物，連耶穌都送來這麼一部美妙的課程，諸如此類的，那我們何時才能識破眼前景象原是小我的防衛伎倆？為了避免面對自己一手打造出來的仇恨世界，我們只好努力粉飾太平。事實上，世界根本一點都不美，因為它出自極其**醜陋**之念！總之，唯有面對這些醜陋之念形成的後果——這個殘酷無情的世界，我們才可能正視那些念頭，並且改變自己對它們的看法。

(5:5~7) 然而，上主的道路是萬無一失的。我營造出來的種種意象無法與上主的旨意背道而馳，因為這絕非我之所願。我的意願就是祂的旨意，我再也不願在祂前面樹立其他的神明了。

耶穌再次向我們心內的抉擇者喊話，因為只有它能夠在幻相與真相之間重新選擇。這段課文的最後一句出自〈舊約．出埃及記〉十誡中的第一誡（20:3）〔譯註〕，〈正文〉第十章也有相關的討論（T-10.III~V）。兩者和這段課文都為我們點出，那代表了分裂、疾病、痛苦和死亡的小我之神毫無左右上主之子的能力，因為聖子始終是上主創造的聖子。上主永遠是上主，任憑我們的想像力再強，也打造不出另一位神明來取代祂的地位，除非是在夢裡。為此之故，我們的意願始終不離祂的大願，我們也始終安居家中，因為那是上主「願我們永在之處」（T-31.VIII.12:8）。

〔譯註〕亦即：「除了我以外，你不可有別的神。」

第五十四課

以下是今天要複習的觀念：

(1:1) (16) **我的念頭沒有一個是中性的。**

這一課的火力全都集中在念頭的力量。沒有一個念頭是中性的，因為我們的念頭已經為我們打造出一整個世界——充滿痛苦和死亡，而且讓上主完全遁形的世界。然而，我們的正念之心也擁有同等強大的念力，足以化解小我的存在。小我之念原本影響不了天堂境界，但是在夢境裡，它們卻有呼風喚雨的能力。為此之故，《奇蹟課程》才會如此強調我們心靈的力量，尤其是選擇的能力。

(1:2~4) **根本就沒有所謂「中性的念頭」這一回事，因為所有的念頭都具有某種能力。它們不是造出虛妄的世界，就是將我導向真實世界。念頭不可能沒有後果。**

對應這幾句話，〈正文〉有一句強而有力的佐證：「你所有的想法都會在某個層次產生某種有形後果的。」（T-2.VI.9:14）我們的念頭所帶來的後果絕不容輕忽，它們可以打造出我們眼前這個充滿特殊性的世界，也能幫助我們徹底化解小我世界而臻至真實世界。然而，最大的問題是，基於我們的防衛機制（包括否認心態），我們幾乎經驗不到自己的念頭與導致的後果之間的關聯。結果，我們對自己的想法幾乎麻木不仁，只因為我們連自己有個心靈都意識不到。

(1:5) **我眼前的世界既然出自我的錯誤思想，那麼，我一旦修正了錯誤，真實世界就會出現在我眼前。**

一路操練寬恕下去，最後便會抵達真實世界，那正是徹底化解小我之後的心境。這種境界並非出於刻意的選擇，而是心靈決定全面抵制小我的罪咎思想體系之後，無咎之心所呈現的自然狀態。

(1:6~8) **我的想法不可能既不對也不錯。它們必定非對即錯。我之所見讓我得以看出自己的想法究竟是對還是錯。**

在此又回到了另一個重要主題「非此即彼」。我們不可能既在天堂同時又受地獄之苦，或者既在地獄**同時**又享有天堂之福；兩者是互斥而不可並存的。依據《奇蹟課程》的一貫形上前提，唯獨上主存在，其他一切均是虛無，整套思想體系都是建立在這一基礎上。我們若相信上主之外還有其他的存在，等於相信上主不存在。再說一次，我們若想知道自己的心靈究竟選擇了哪一套思想體系，只要在耶穌的陪伴下，隨時明察自己從外在世界究竟看到了什麼就成了，因為它們會反映出我們究竟選擇了天堂還是地獄，真理還是虛妄。

耶穌再次回到先前說過的觀念：

(2:1) (17) **我所看到的一切，沒有一個是中性的。**

(2:2~6) **我之所見乃是我之所想的見證。我若不思想，就不存在，因為生命就是思想。願我把眼前的世界當作我內在心境的表徵。我知道我的心境可以轉變。因此，我知道我見到的世界也會轉變。**

我們又看到耶穌如何反覆重申這個主題。「複習一」最精彩之處就是言簡意賅地將前五十課的要旨串連起來。「願我把眼前的世界當作我內在心境的表徵」，我們不難在〈正文〉看到與此精闢之論相互呼應的說法，例如：

> 它〔世界〕是你心境的見證，也是描述你內心狀態的外在表相。（T-21.in.1:5）

> 它〔知見〕只是賦予你的願望一個有形圖像或具體形相，使你的夢想儼然如真。（T-24.VII.8:10）

我們改變不了世界，但我們可以改變自己的想法。「我見到的世界也會轉變」，此言固然不虛，但請留意，它並非說外在世界會轉變，而是說**我見到**的世界會轉變。別忘了，知見和事實是兩回事，知見乃是我們對所謂的事實的一種詮釋而已，這種詮釋若非出自小我，就是出自聖靈。耶穌這裡說的「我見到的世界」並不是指外在的世界，因為**根本沒有外在世界這一回事**，世界不過是我們心念投射或推恩出去的結果。為此，我們必須認清世界和我們的心念本是息息相關的。這個觀念如此重要，各位務必念茲在茲，否則我們永遠不會在「改變心念」上頭好好下一番功夫的。

在此，暫時打個岔，必須先釐清本段第二句話「我若不思想，就不存在」的真義所在。這句話乃是轉用了笛卡爾的名言「我思故我在」，但意涵卻大不相同。這位十七世紀的偉大哲學家用這句名言來證明自己**真的**存在，而耶穌卻反其道而行，轉用這句話來凸顯存在是**虛幻**的，只因它源自**虛幻**之念。

下一段，耶穌開始討論**一體**的觀念。不只在天堂裡，即便在分裂心境中，上主也只有一位聖子。不論稱之為基督自性或分裂的聖子，上主聖子永遠只有「一位」。

(3:1) (18) **我的看法所導致的後果，並非只有我單獨承受。**

(3:2~4) **我既沒有純屬私人的念頭，就不可能看見一個純屬私人的世界。即使是瘋狂的分裂之念，也必須與人共享，才可能造出眼前的大千世界。然而，那種分享，只是分享虛無罷了。**

雖說只是「分享虛無」，並不表示我們就不相信這種分享了。這段話的言下之意，是說不論世界看起來如何，即使在分裂夢境裡，上主之子始終只有一位。由此可知，為什麼寬恕成了《奇蹟課程》最核心的教誨。因為在寬恕你之際，反映出你我的福祉絕非互不相干的兩回事，你我兩人同樣需要從分裂、罪咎及仇恨的夢中覺醒。就這樣，小我的分化傾向便隨之反轉過來了。一如〈正文〉所強調的，只要我完美而正確地寬恕了你，必然惠及你背後成千上萬的人（T-27.V.10:4）。也就是說，我若完美地寬恕了你，等於寬恕了整個聖子奧體，因為上主**只有**一位聖子。

(3:5~7) **我也能夠請出心中與所有人共享一切的真實念頭。一如我的分裂之念會引出他人的分裂念頭，我的真實念頭也會喚醒他人的真實念頭。於是，我的真實念頭所顯示給我的世界，便會出現於他們以及我自己眼前。**

這一番話道盡了我們在世的任務，我們既無需療癒他人，也不是像傳統觀念那樣去教導或改變別人。我的任務只是提醒你，我在神聖一刻所作的選擇，也是你可以作的選擇。〈教師指南〉有一段精彩的解說與本段恰可相互印證，前文雖已引用過了，此刻絕對值得重述一次：

> 上主的教師就是為這一類〔有病的〕人而來的，他們代表了這些人早已遺忘的另一種可能性。上主之師的臨在本身只是一種提示而已。他的思維方式等於向病患信以為真的想法提出一種反問的權利。上主的教師們，不只是傳遞訊息的使者，他們成了救恩的一個象

> 徵。他們請求病患因他自己的聖名之故而寬恕上主之子。他們代表另一種神聖的選擇。他們心中懷著上主聖言的祝福前來，不是為了治癒有病之人，只是提醒他們上主早已賜給他們的藥方。真正治療的，不是他們的手。講出上主聖言的，也不是他們的聲音。他們給出的不過是上主賜他們的禮物。他們這樣溫柔地呼喚弟兄遠離死亡之途：「上主之子，請看永恆生命賜給你的禮物吧！你何苦選擇疾病，而不惜放棄這一恩賜？」（M-5.III.2）

然而，這一過程同時也適用在反面的狀況：我的分裂之念亦會激起你心底的分裂之念。當我選擇了小我，也就是我在判斷、攻擊、焦慮和恐懼之際，我無異於告訴你，「相信自己是一個孤立的生命」這個想法一點也沒錯，因為我的所言所行證明你確實如你所想。更有甚者，不只我的憤怒會附和你這種自我認定，連我對你的特殊之愛及依存關係，也會產生同樣的作用。你希望我肯定你是對的，我也要你肯定我是對的，這就是讓我們兩人愈來愈瘋狂的「秘密誓約」，耶穌在〈正文〉第二十八章論及疾病時，如此語重心長地說：

> 這是你與每個決心要跟你分道揚鑣的弟兄之間所訂立的秘密誓約。每當你認為自己受到了別人的攻擊，等於重申一次這個密約。除非你認為自己受到攻擊，而且敗下陣來，否則你怎麼可能受苦？每個暗藏在意

識層面底下沒說出或沒聽到的痛，其實都在向疾病示忠。它等於向對方保證，自己會受到傷害，但是自己也會報復的。

疾病乃是你發洩在身體上的怒氣，你存心要它承受你的痛苦。你的秘密協定所導致的這一後果是有目共睹的，與他人暗自想跟你分裂而你也正想與他分裂的願望正好不謀而合。除非你們兩人都同意自己甘願生病，它才影響得了你們。（T-28.VI.4:3~5:3）

雖然如此，緊接著，耶穌提醒我們也能相互長養彼此的正念之心：

只要有一方說出：「我不願在你我心靈之間存有任何間隙。」表示他已信守了上主的許諾，甘願放下自己誓死不悔的那一密約。他一療癒，他的弟兄也就隨之療癒了。

但願你們能夠相互簽訂「我願與你合一，永不分離」的協定。對方必會信守你與他共同許下的承諾，因為那是他對上主的承諾，也是上主對他的承諾。上主必會信守自己的承諾，聖子亦然。（T-28.VI.5:4~6:3）

也因此，我如果甘心放下小我而選擇耶穌，藉由寬恕而釋放自己的怨尤，我等於向你示範這個正心正念也在你心內。在那一刻，我便成了你的療癒象徵。我無需說什麼或講任何大道理，其實，**我**什麼也沒做。即使這個「你」已經去世了二十年也無礙，因為心靈本是一體相通的。寬恕和這具身體毫不相干，**你**這一念和**我**這一念始終是連結的。就在我選擇放下自己對你的怨尤那一刻，等於向你傳送了一個清晰的訊息：「從死亡之夢覺醒吧！」向人傳送這個重要的訊息，成了我們在世唯一的任務。

(4:1) (19) **我的想法所導致的後果，並非只有我單獨承受。**

(4:2~3) **沒有一個經驗是我獨享的。我所想、所說或所做的一切，都在潛移默化整個宇宙。**

「整個宇宙」指的是我心目中的聖子奧體那一宇宙，我的心和所有人的心靈都是一體相通的。雖說心靈只有一個，但我的思想行為可以出自聖靈，也可能出自小我。耶穌在此舊話重提：不論在靈性層次或小我層次，我們**都是**一個生命。

(4:4~6) **上主之子所想、所言或所行，是不可能徒勞無功的。在任何事上，他都不可能獨享。因此，我確實有此能力讓每個心靈隨著我的心而改變，因我的心靈具有上主的大能。**

請注意，這段話切莫扭曲為「我真的能夠替別人改變他的想法」。重點是在「示範」：我一旦改變了自己的心念，便會頓時領悟這個「我」原來代表了我們所有的人。同理，連耶穌都無法代我們改變。他只能當作我們的老師和表率，讓我們看到自己是可能作出另一選擇的，他唯一不能做的，就是越俎代庇。記得海倫開始筆錄不久，曾要求耶穌拿走她的恐懼，耶穌當時對她的答覆，其實也是說給我們所有的人聽的——唯獨海倫的心靈才有選擇或不選擇恐懼的能力，耶穌無法也絕不會撤除這種能力而代替她選擇。這個答覆也等於預告了整部課程的宗旨。

> 你很可能一邊抱怨恐懼，一邊卻縱容自己沉溺於恐懼之中。我已經表明了，你不能要求我替你擺脫恐懼。我知道它根本不存在，問題在於你不知道。如果我在你的想法及其後果之間插手干預，等於干犯了世間最基本的因果律，也就是最基本的自然法則。如果我藐視你思想的力量，對你沒有一點兒好處。這也與本課程的宗旨背道而馳。最好的辦法還是提醒你，你對自己的心念防範得不夠周密。（T-2.VII.1:1~7）

(5:1) (20) **我決心看見。**

(5:2~3) **認清了自己的想法具有互通共享的本質之後，我下定決心要看見了。我願去看那顯示出世界已經改變了思維的見證。**

出現在我們眼前的見證，其實就是自己送出去的見證。耶穌在〈正文〉第十九章「罪咎的魅力」那一節，便已傳達了類似的觀念（T-19.IV.一.(1)）。我們不是送出愛的使者就是恐懼的使者，送出哪一個，我們就會看到那一個，它會當即反身而成為我們作何選擇的見證。比方說，當我們生氣、煩亂、頑固或大發雷霆時，表示我們送出的是罪咎、恐懼、怨尤這類的分裂使者。這些外在的見證好似證明了我們的內在知見是真實的，我們自然會覺得它們是在我們的心外而不在我們的心內。〈正文〉還有一段也闡明了知見在療癒過程所扮演的重要角色，教導我們把自己在世間看到的種種見證視為自己內心的決定之倒影。唯有如此，我們才有機會發揮心靈的能力，改變先前的決定。

> 你判定自己是遭受天譴的人，並且將這觀念投射到世界去。世界在你眼中若遭受天譴，你在世上自然只會看到自己對上主之子所造成的傷害。你的眼光若放在天災人禍上頭，表示你存心把他釘上十字架。你的眼光若置於神聖與希望上，則表示你已加入了上主旨意，放弟兄自由。除此兩者，你沒有其他的選擇。你若選擇其中一方，就會看到這一方的見證，並從中認出自己所作的選擇。（T-21.in.2:1~6）

(5:4~5) **我願著眼於那些證據，看出上主確實經由我而以愛取代了恐懼，以歡笑取代了眼淚，以豐盛取代了失落。我要瞻仰真實世界，從中學會看出我的意願與上主的旨意原是一體。**

於是，只要我們細心反觀自己的所知所見，便可窺知自己究竟作了什麼選擇。知見並非客觀事實，而是我們自己的詮釋。這句話不論重複多少遍都不為過。因此，《課程》要我們正視自己之所見，而不是要我們去看外面那一張桌子、一本書、一棵樹，或一個人；耶穌用意所在，純粹是要我們好好正視自己看待外物、眾人及事件的**心態**。一言以蔽之，自己的所知所見，究竟在為救贖原則作證，還是為分裂作證？我們看到了什麼，正透露出自己內心所作的選擇。如果我們看到的一切「不是愛的流露，就是對愛的求助」，此時，便反映出我們已經接受了救贖。只要如此一心一意選擇下去，真實世界、上主及聖子一體生命的幸福記憶便會如曙光乍現。

第五十五課

今天要複習下面的幾個觀念：

(1:1) (21) **我決心以不同的眼光去看事情。**

耶穌在此直接向我們心靈的選擇力量喊話。

(1:2) **我目前所看到的不外乎疾病、災難與死亡的徵兆。**

請留意，**疾病**、**災難**與**死亡**的原文是disease、disaster以及 death，三字都是以d作為頭韻，這得歸功於海倫在詩韻上的素養。我們在此看到耶穌要我們著眼於周遭的疾病、災難與死亡，而**不是**著眼於愛、希望與喜悅，因為世間根本沒有這些東西。一點也沒錯，我們當初打造世界的初衷，就不是要它成為愛、希望或喜悅的家園。如果我們看不透這一點，就不會有任何改變自己心念的動機，反而會自以為是，認為只要著眼於光明而非黑暗，著眼於愛而非恨，著眼於生命而非死亡，就等於改變了心念。請看看，小我處心積慮要我們相信的一切，我們全都深信不疑，為此，我們真的需要隨時質疑是否值得拜小我為師。

(1:3~5) **這不可能是上主為祂的愛子所創造出來的世界。我若看到這一切，證實了我根本不了解上主。因此，我也不會了解祂的聖子。**

以上所說的這種心態，可說是最好的起步。反之，如果我們自以為看到一個光明、平安和喜悅的世界，我們便會認為自己十分了解上主、耶穌和他的《課程》，這實在是非常不幸的錯誤。反而是甘心承認自己看到了「疾病、災難與死亡的徵兆」，才會開啟我們的謙遜之心，而這正是通往智慧的起點。我們得先否定小我思想體系的「否認伎倆」，才可能在耶穌的指導下，一步一步看清靈性和小我確實是不可能並存的兩種心態，如同愛和恨，生命和死亡，喜悅和痛苦，一樣互不相容。只要把一方當真，等於否定了另一方的存在。

(1:6~7) **我所看見的一切也顯示出我根本不知道自己是誰。我決心從自己心內去看真理的見證，不再著眼於那些為我的幻相撐腰的證據。**

一旦明白了**形式**和**內涵**之別，我們便可在新老師的指點下，目睹萬物的真相。這就是基督的慧見。這一慧見會幫助我們憶起自己的真相；而且，唯有和弟兄一起，我們才算是上主的唯一聖子。

(2:1) (22) **我所看到的只是一種報應形式。**

(2:2~3) **我所見到的世界，絕不可能是慈愛之念的映影。人世間的畫面裡，每一物都在攻擊另一物。**

耶穌在前文已有類似的說法，我們眼前的世界處處呈現著「每一物都在攻擊另一物」，而且絕無例外。因此，凡是認為自己看到一個愛的世界之人，便會相信自己心裡只存有慈愛之念，因而不想正視那些**不慈**的念頭。在這樣逃避正視的情形下，不慈之念便安然隱藏於心底；又基於投射的原理，壓抑下去的東西一定會想盡辦法找尋發洩的出口，接下來，其他人不遭殃也難。如果沒有意識到所有我們對別人的攻擊都是出於自己心裡的不慈之念，自然就意識不到自己其實才是罪魁禍首。不僅如此，更糟糕的是，如果我們真的錯以為自己只有慈愛之念，就會相信自己的攻擊和判斷全是出於愛心。有鑒於此，看清世界的底細和認出它的動機，是如此的重要。唯有與耶穌一起正視自己內心的**不慈**念頭，然後寬恕它們，有朝一日，我們才可能恍然大悟，原來覆蓋在這些不慈念頭下面的，竟然是我們與生俱來的慈愛念頭。

(2:4~6) **絲毫反映不出上主及聖子之愛。這一畫面是我自己的攻擊念頭所打造出來的。唯有我的慈愛之念能將我由世俗的知見中拯救出來，並帶給我上主願我擁有的平安。**

耶穌毫不留情地揭發世界的不慈本質：「絲毫反映不出上

主及聖子之愛」。接下來，他又清楚地點明：「唯有我的慈愛之念能將我由世俗的知見中拯救出來。」因為問題一向出在**知見**，而不在世界。疾病、災難和死亡並不存於外在，只因**根本沒有外在這一回事**；它們只可能存於充滿罪咎、仇恨和恐怖的心靈裡。為此，亟需改變的不是世界，而是這個**知見**，故〈正文〉有云：「不要設法去改變世界，而應決心改變你對世界的看法。」（T-21.in.1:7）話說回來，想要改變知見，總得把它從投射出去的形式帶回它的**心靈**源頭那兒才行。我們已解釋過，唯有如此，我們才有機會發揮心靈的選擇能力，放掉不慈的分裂之念，轉而選擇救贖的慈愛之念。

(3:1) (23) **只要放下攻擊的念頭，我就能由眼前的世界脫身。**

(3:2~5) **救恩就在這句話中，你無法由他處尋得。若無攻擊的念頭，我就不會看見一個彼此攻擊的世界。當寬恕使我重新體會到愛時，我便會看見一個平安、喜樂及安全無虞的世界。我決心從眼前世界中認出那樣的世界。**

救恩的定義，沒有比這段課文說得更明確的了。所謂救恩，絕不是把我們從這個世界或抽象的罪中拯救出來，而是將我們從自己的念頭中救拔出來。若要逃出《哈姆雷特》所形容「無情命運的明槍暗箭」那種恐怖世界，我們唯一需要做的，就是和耶穌一起正視自己心底竄出來的可怕念頭。只要能和耶穌一起對小我思想體系那些無聊攻擊之念一笑置之，我們就會看到那些念頭自行隱退到它本來的虛無裡。那時，我們再往外看，只會看到一個「平安、喜樂及安全無虞的世界」，也就是寬恕化身出來的世界。

(4:1) (24) **我認不出什麼是對自己最有益的事。**

(4:2~3) **我若連自己是誰都不知道，怎麼可能認出什麼才是對我最有益的事？我自認為對自己有益的事，只會使我在這幻相世界愈陷愈深。**

我不知道自己是誰，因為**我**心目中的自己老是著重在「我」上頭。倘若我真的認為有一個「我」存在，便不可能知道自己是誰，那麼，我怎麼可能知道什麼事對自己有益？我認為最有益的事，通常都離不開某種自矜自是或自滿自得的心態，企圖保住自己那個虛幻的個體之「我」。

(4:4) **我情願跟隨上主賜我的神聖嚮導，找出什麼才是對我最有益的事，我很清楚這不是單靠我自己所能認出來的。**

若無外力援助，我們必然寸步難行，這是《奇蹟課程》反覆重申的重要觀念。換言之，若無聖靈或耶穌相助，我們根本就修不下去。唯有一顆謙遜的心才會說出這一番話：「我不知道，也不明白；謝天謝地，我心內有一位聖者知道；也謝天謝地，祂才是對的，我全搞錯了。」難怪耶穌會說，他需要我們的程度不亞於我們對他的需要（T-8.V.6:10），**除非**我們向他求助，否則他愛莫能助。這個「聯袂探險」的觀念（T-4.VI.8:2），在前面的「引言」說得更清楚：「只要我們同心協力，這盞明燈便足以驅散小我的陰影。」（T-11.V.1:3）缺了我們的參與，耶穌必定束手無策；當然，若無他的相助，我們也同樣一籌莫展。

下一段重申了「目的」這一重要主題，它的要旨散佈在《奇蹟課程》多處的章節，此處暫時點到為止。

(5:1) (25) **我不知道萬物的目的何在。**

(5:2~3) **世間萬物的目的，對我而言，只是為了證明我對自己的種種幻覺都是真的。我企圖利用每一個人及每一事件來達成這一目標。**

說到究竟，我們的每一個念頭以及我們在世間的每一個所見所聞都是有目的的，就是想證明自己是對的。這正是我們當初決定打造這個世界的真正原因：「我能夠打造出比上主造化更棒的世界！」在**非此即彼**的思想體系中，絕無例外可言。在愛的這一邊，神聖和愛不設例外；而在特殊性那一邊，也一樣沒有例外。我們不是愛就是恨，不是寬恕就是攻擊，根本沒有中間地帶。所以才說，如果我的自我是真的，我的自性就不可能是真的；**反之亦然**，不論小我多麼不甘接受這個事實。〈練習手冊〉到後面有這麼一句話：「也願我別忘了自己的虛無，我的自性才是一切。」（W-358.1:7）

(5:4~6) **我相信世界就是為此目的而存在的。因此，我認不出它的真實目的。我賦予世界的這個目標，為它掛上了一副猙獰**

的面具。

我不僅一直利用世界來證明自己是對的，同時還證明自己的個體生命是真實的，絕非虛幻。這就意味著「為了保全自己的個體存在，我把上主毀了」。幸好，我還有個正念之心，清楚自己是怎麼利用世界的，看見自己不僅攻擊得如此當真，還攻擊得理直氣壯。如果我要存在下去，每個人都必須為我這個私欲付出代價。同時，倘若我存心如此對待你，必也預料你一定會以其人之道來對付我，因為外面每一個人都是我自己編出的夢中一角。這種世界不可能不可怕，不可能是安全的，因為人心內的罪咎只打造得出一個註定遭受天譴而且難逃一死的世界。慶幸的是，如今，我終於心甘情願重新選擇了。

(5:7) **願我敞開心扉，接納世界的真實目的，並撤回自己妄加其上的目標，學習認出它的真相。**

這段再度點出，耶穌和他的《課程》無法代替我們修，只能苦口婆心提醒我們：「撤回自己對世界的種種信念吧！」是的，我們需要敞開心扉，撤回自己妄加於世界的目的。換句話說，我們必須真心誠意說出「我錯了」這句話。唯有如此，我們才可能認出世界存在的真正目的——唯獨寬恕是求。僅僅只有這一條路，能幫助我們發揮心靈的力量，重新**選擇**上主，不再**抵制**祂，安然踏上歸鄉之路。

第五十六課

我們今天要複習下面的幾個觀念：

(1:1) (26) **我的攻擊念頭等於否定了自己百害不侵的本質。**

(1:2) **我若認為自己不斷受人攻擊，怎麼可能悟見自己的真相？**

如果我認為自己不斷受人攻擊，那是因為我正在攻擊身邊每一個人。為此，這一課的標題「我的攻擊念頭等於否定了自己百害不侵的本質」頗具深意。身為上主之子的我，本來是百害不侵的，但自從認同了小我，我開始感到自己脆弱無能；只因罪咎要求懲罰，我才會害怕上主反擊而淪為受害者。換言之，我若相信外面的每個人都會傷害我，我就不可能是上主創造的那個純潔無罪又百害不侵的生命。小我便如此慫恿：「只要能證明上主之子**確實**脆弱無能（這也正是身體的目的），那麼，我怎麼可能是上主之子？」這一邏輯在下面這段討論「何謂身體？」的引文裡說得很透徹。我們會在這一系列〈練習手冊行旅〉最後的部分，再深入討論身體的觀念。

> 因上主之子的無常生命「證實」了他那道圍牆〔身體〕的功能，去實踐心靈賦予它的任務。試想一下，他的一體性若是完好如初，還有誰能攻擊？又有誰會受到攻擊？誰會獲得最後的勝利？誰又是他的戰俘？誰是犧牲品？誰是兇手？他若不死，如何「證明」上主的永恆之子是有毀滅的可能？（W-PII.五.2:3~9）

(1:3) **痛苦、疾病、失落、衰老及死亡好似威脅著我。**

這句話再次要我們切身意識到自己活在生、老、病、死、苦的世界。這個世界是小我為我們精心打造的，目的就是為了向我們證明「分裂的思想體系是對的，聖靈的救贖才是錯的」。

(1:4~5) **我所有的希望、夢想與計畫似乎也操縱在非我所能控制的世界之手。其實，完全的保障以及圓滿的結局乃是天賦於我的權利。**

耶穌再度讓我們看到自己心靈的分裂；然而，也正因如此，我們有了選擇的餘地，可以把自己看成活在恆常恐懼、脆弱不堪的恐怖之境，也可以把自己置於絕對安全無虞之境。如果說，「外面有任何力量控制得了你〔我們〕的生活」（T-19.IV.四.7:4）這話絕非事實；那麼當然的，「我的自性是宇宙的主人」（W-253），才是我生命的真相。

(1:6~8) **我一度想要放棄天賦的產業，來換取眼前的世界。幸好，上主為我護守著這份產業。我的真實念頭會教我看清一切的真相。**

想要進入自己的真實念頭，我們得先放掉不真實的念頭才行，否則我們不可能意識到真實念頭的存在。這個觀點不論重複多少遍都不為過。若想了悟這一幸福真相，我們得清楚意識到眼前的世界確實是自己一手打造出來的，它只是不真實的分裂與罪咎之念投射出來的不真實結果。我們是上主視為珍寶的愛子，這才是我們的天賦遺產，我們絕非罪咎與恐懼的小我之子。耶穌在「上主之寶」那一節裡下了這樣的結論：

> 凡是上主願你擁有之物，非你莫屬。祂已經把自己的旨意賜給了祂的寶貝，祂的旨意就是祂的寶貝。你的寶貝置於何處，你的心就在何處，而祂也是如此。上主所愛的你實是最有福之人。（T-8.VI.10:1~4）

(2:1) (27) **首要之務，我要看見。**

(2:2~6) **只要我認清了，我所見的一切只是反映我所認定的自我，我就會明白自己多麼需要慧見。我所見到的世界，顯示出我所營造的自我形象的可怕本質。我若想憶起自己的真相，首要之務即是放下這個自我形象。當形象一旦被真相取代，慧見必會翩然降臨。有此慧眼，我方能以慈悲愛心來看待這世界及**

我自己。

耶穌一直拉回同一核心觀念：我們所見的一切，反映出我們心目中的自我形象究竟是上主兒女還是小我兒女，而且也只有慧見修正得了小我兇惡恐怖的妄見，足以反映我們真實的靈性身分。慧見就這樣**化解**了小我的思想體系。正如〈正文〉所言「小我總是先聲奪人」（T-5.VI.3:5），而聖靈才是終極的答案：

> 小我的話離不開評判，聖靈則能逆轉小我的決定，就像人間的高等法院有權推翻地方法院的判決一般。小我的決定一向錯誤百出，因為它的出發點都是為自己的錯誤自圓其說。（T-5.VI.4:1~2）

不論肉眼呈現給我們什麼景象，一旦慧見取代了判斷，我們便會看到平安與愛的合一世界。

(3:1) (28) **首要之務，我要以不同的眼光來看待事物。**

(3:2~3) **我眼前所見的世界鞏固了我那可怕的自我形象，還保證它永存不替。只要世界在我眼中還是我目前所見到的樣子，真相便無法進入我的意識之中。**

投射出這個世界的目的，就是為了保存我這可憐又可怕的自我形象。這幾句話等於為〈練習手冊〉下篇針對「不寬恕之念」的論點作了最好的伏筆：

> 不寬恕的念頭，是指一個人作了一個毫不真實卻不容他人置疑的評判。心靈一旦封閉，等於作繭自縛。這念頭會保護它所投射之物，扣緊鎖鏈，使那層扭曲變得更加隱蔽，難以捉摸，不易質疑，且與理性背道而馳。那麼，還有什麼阻擋得了那一投射所預謀的目標？（W-PII. 一 .2）

如上述所引，我們的投射之物為小我緊緊守住它那暗藏分裂及憎恨的自我概念。如今，那個概念看起來像是離開了心靈的源頭而成為心外之物，於是它便能理直氣壯地說：「我是一個獨立的個體，而這個個體性是我不惜以犯罪為代價而換來的。我的罪必會招致懲罰，所以心生恐懼乃是天經地義的事。外在沒有任何改變，唯一改變的是，以後我更加相信恐懼不是出自我心內，而是源自心外的某物。我如此相信自己之所見，從不質疑。也正因為這樣毫不質疑，聖靈對我目前的痛苦恐懼也就愛莫能助了。」

(3:4) **但願那隱藏在世界背後之門為我開啟，使我的眼光能越過它而目睹那反映出上主之愛的世界。**

為我們開啟那門的正是耶穌，關鍵是，我們總得放手讓他去做才行，請他幫助我們把攻擊的幻相帶到寬恕的真相內。於是，已徹底完成寬恕的真實世界開始反映出上主聖愛，它就在耶穌為我們開啟的那扇門後面靜靜等候著：

> 基督就在上主祭壇等著歡迎聖子的來臨。……天門從不上鎖，你也不可能不得其門而入，因為那是上主願你永世長存之處。……你能夠拒絕進入，卻無法封閉基督為你敞開的大門。到我這裡來吧，我會為你保持天門敞開，只要我活著一天，這道門就不可能關閉，而我永遠活著。（T-11.IV.6:1,3,5~6）

(4:1) (29) **上主在我所看到的萬物之內。**

(4:2~4) **在我所營造的一切形象之下，真相始終不變。在我覆蓋於愛的面紗之後，它的光明依然不減。在我所有神智不清的願望之後，我的意願仍與天父旨意合而為一。**

從第一課到第五十課，耶穌一直在強調正念之心的本質。至於妄念之心則充斥著疾病、痛苦、死亡、謀害以及判斷這類攻擊之念，耶穌要我們明白，這些念頭其實在遮蓋別的東西。他告訴我們這個真相，並不表示我們就不必做功課，不用學習選擇那個「東西」了，他要我們至少意識到，自己所面對的選擇究竟是什麼。但請注意，我們並不是在**痛下殺手**和**坐以待斃**之間作選擇（換言之，不是在選擇我殺你還是你殺我），我們真正在選擇的是，我要的究竟是奇蹟**或是**謀害？（T-23.IV.9:8）。這段話告訴我們，我們心內其實還有另一套思想體系等著我們選擇它。它甚至暗地指出我們放棄愛而選擇攻擊，真正**目的**是為了保全自己的個別身分，才會寧可選擇分裂而消融於恨中，也要證明自己是對的、上主是錯的。就是這一選擇將我們打入千年暗夜，殊不知，**正因為我們如此相信**這個黑暗世界，才讓它顯得如此真實。

(4:5~6) **上主永遠無所不在地臨於萬物之內。身為上主一部分的我們，遲早會越過虛幻的表相，而認出那超越一切表相的真相。**

耶穌向我們保證過：「但最後的結果必如上主一般屹立不搖。」（T-2.III.3:10）因為我們在表相與實相之間遲早會作出正確的選擇（所有柏拉圖的信徒都如此相信）。不論我們如何倒行逆施，我們永遠是上主所創造的我們，我們對自己的輝煌真相無法改動分毫。正因如此，眼前的世界才可能為我們反映出上主聖愛的輝煌真相。

(5:1) (30) **上主在我所看到的萬物內，因為上主在我心裡。**

(5:2~5) **在我心內，所有神智不清的分裂及攻擊念頭之後，乃是那了知萬物永遠一體的真知。我雖已忘了自己是誰，這一真知卻從未失落過。上主一直為我將它保存於天心內，上主從未離棄過祂的聖念。身為其中一份子的我，與所有聖念同在，也與上主一體。**

我們從未真正跟上主分離過，聖靈將此真知的記憶護守於我們心中。耶穌在〈正文〉曾說過：「失落並不表示它消失了。你只是忘記自己把它放到哪兒去了。」（T-3.VI.9:3~4）可以這樣說，縱然我們失落了「自己是誰」那一真知，也忘了自己的生命之源，但這並不表示上主的聖愛就不再圓滿地臨在我們心內。在整部課程裡，這類的保證可謂俯拾皆是。以下僅舉出兩段引文：

> 天父必會保護自己的造化安全無虞。你後天營造的錯誤觀念無法傷它分毫，因為它不是你造出來的。不要被自己的愚昧妄想嚇唬了。永恆不朽之物是凜然不可侵犯的，無常世界對它產生不了任何影響。（T-24.VII.5:1~4）

> 你可以不看那一體性，但你犧牲不了一體性。即使你有意犧牲，也不會失落它的，因你阻礙不了聖靈的工作，祂遲早會讓你明白，你從未失落一體性。（T-26.I.6:1~2）

接下來，就看我們是否接納耶穌所肯定的真相了。他直指我們心內對一體生命的記憶，而我們就是從這天人一體的生命中創造出來的。

第五十七課

今天我們來複習一下這些觀念：

(1:1) (31) **我不是眼前世界的受害者。**

(1:2~9) **只要我願意，就能徹底化解這個世界，我怎麼可能成為它的受害者？我的桎梏已解開了。只要我真心願意，就能隨時甩掉它。監獄之門也已開啟了。我只需走出，就能揚長而去。世上沒有什麼東西扣留得住我。除非我自願留下，否則我是不可能淪為囚犯的。我終於願意放棄那些神智不清的願望而邁向陽光之境。**

乍看之下，這段話好像有些強人所難，因為我們確實感到自己是個受害者。但如果真如耶穌一開始就告訴我們的，這世界是我們自己的傑作，那麼，問題顯然並不出在世界本身，「我們打造出世界」這個事實才是問題之所在。也因此才說，只要「我們」願意，就能徹底化解這個世界，「我們」又怎麼可能成為它的受害者？

無論如何，我們必須甘心承認自己從頭到尾徹徹底底錯了才行。然而，究竟是什麼令我們如此堅持自己是對的？不正是外在每一事每一物帶給我們的受害感？請記住，「外在每一事每一物」指的不僅是他人的形體，也包括自己的身體在內。身體徹底存在於心靈之外，而心靈才是我們真實身分的源頭。

囚犯邁向陽光之境的比喻，出典自柏拉圖《共和國》最著名的「洞穴寓言」，值得在此略述一下（耶穌在〈正文〉引述得更為具體〔原註〕)。故事是這樣的，話說洞穴裡關著一群被鐵鏈鎖住的囚犯，面向著石壁而坐，他們對洞外來來往往的行人一無所知。外面的陽光照射進洞裡，將洞外的人影投在石壁上。犯人們只見到石壁上移動的幢幢黑影，對他們而言，石壁上的影子才是真實的，因為他們除了影子以外，別無所見。後來，其中一名囚犯獲得了自由（代表柏拉圖的尊師蘇格拉底），他轉過身，走向光天化日的洞外，才明白洞裡和洞外、表相與真相的天差地別。他返回洞內向其他夥伴講述自己看到的一切，一心想要釋放他們，結果卻死在那些害怕真理之光的人們手中。〈正文〉有兩處具體借用了這則寓言的象徵：

〔原註〕有興趣的讀者，請參閱我在“*Love Does not Condemn*”一書的解說，PP.327~300。

> 經年累月活在沉重鎖鏈下的囚犯，挨餓受凍，欲振乏力。他們的眼睛長年活在黑暗裡，早已記不得光明為何物了，即使在釋放的那一刻，他們也不會歡欣鼓舞的。他們需要時間去體會自由的意義。（T-20.III.9:1~2）

> 久處於黑暗的眼睛，已習慣晦暗模糊的景物，難以忍受燦爛的陽光。它們會盡量迴避陽光，不願面對清晰的景象。他習以為常的陰暗反倒讓他容易張開眼睛，也比較容易辨認影像。那些曖昧而模糊之物似乎更容易去看，比起徹底清晰、毫不曖昧的東西，更不傷他的眼力。這恰恰違反了眼睛原有的目的；有誰會一邊說他願意看見，一邊又說他寧可活在黑暗裡？（T-25.VI.2）

我們終於看清了我們才是自己的獄卒，現在，是作出明智決定的時刻了——離開黑暗，邁向光明。罪咎與攻擊的鎖鏈不過透露出我們不甘張開眼睛真正去看而已。如今，我們終於可以選擇慧見了。下一段又重述了同樣的挑戰。

(2:1) (32) **眼前的世界是我自己營造出來的。**

(2:2~3) **我建造了一座監獄，還認為自己身陷其中。只需認清這一點，我就自由了。**

耶穌一直在說這是一個很簡單的課程，原因即在於此。我們只需真正明白一切都是自己揑造出來的，世界純然只是一個錯覺妄想（T-20.VIII.7），我們認為會傷害自己的那一切都不是真的。想要開啟這陰森虛幻的牢獄之門，關鍵始終在自己的心裡。如今，我們總算找到了明師及修持方法，在他們的協助下，我們終會領悟這一喜悅的真相。

(2:4~8) **我欺騙了自己，相信上主之子可能被囚。我再也不要這種荒謬至極的信念。上主之子必然永遠是自由的。他仍是上主所創造的模樣，而不是我為他塑造出來的樣子。他仍在上主願他所在之處，而不在我想要囚禁他的地方。**

這個主題愈到〈練習手冊〉的後面，著墨便愈多，例如第九十四、一百一十、一百六十二課及複習六。如果我們真的是上主的創造，表示小我及世界教我們的那一套必然虛妄。我們會被它們的「光明」蒙蔽一時，然而，只要看清那一切原來是自我蒙蔽，我們就有辦法重新選擇了。從此遠離黑暗，「上主願我們所在」的光明世界便會重現於我們的意識之中。

(3:1) (33) **還有另一種看待世界的方式。**

(3:2~3) **既然世界的目的不是由我指定的，那麼一定還有另一種看待世界的方式。萬物在我眼中既是顛倒的，那麼我的想法必與真理背道而馳。**

這就是《奇蹟課程》常說的，以「另一種眼光」來看待世界。然而，想要做到這一步，必須有勇於認錯的謙虛，而且必須時時刻刻儆醒，覺察自己是如何冥頑不靈地堅持自己是對的，不只針對那些令自己把分裂當真的大事，更需在日常小事覺察自己如此肯定「自己對別人的看法正確無誤」這種隱微的心態。

(3:4~6) **我已把世界當作囚禁上主之子的牢獄。那麼，這世界也成了他真正重獲自由之地。我願著眼於世界的真相，將它視為上主之子重獲自由的地方。**

這段話顯然不是針對這個世界，而是針對我們對世界的**知見**而發的；或者不如說，是針對我們賦予世界的**目的**而發的。如果我們賦予世界的目的是囚禁自己，我們就會被它囚禁。反之，倘若我們賦予它寬恕和釋放的目的，我們就因之自由了。這個重要觀念，到了下文還會繼續深入。此刻只需記住一點，撤換目的，就意味著撤換老師。唯有如此，我們的世界觀才可能從罪咎的牢獄轉為寬恕的教室。

(4:1) (34) **即使在這事上，我仍能看到平安。**

(4:2~4) **只要我能看出這世界乃是自由之地，我便不難明白，它反映了上主的天律，而非我為它訂立的運作法則。我將了解，平安會長駐世間，絕非戰爭。我也會看出，平安會同樣長駐於所有與我共享這一世界的心靈。**

這一段是在描述「真實世界」，箇中深意留待後文細述。我們在此只需點出，真實世界反映出實相的一體生命，它讓我們看到聖子奧體的每一份子（**絕無例外**）都懷著同一目標而來，就是離開監獄、離開戰場，奔向**所有的**人同居共處的和平之地。這才表示我們的目標真的已經從罪咎轉向平安，由囚禁轉向自由了。

(5:1~2) (35) **我的心靈是上主天心的一部分。我是非常神聖的。**

(5:3~5) **當我與弟兄分享世上的平安時，我逐漸明白，這平安原來出自我心深處。我所著眼的世界，閃耀著我的寬恕之光，並將寬恕返照於我身上。在此光明中，我逐漸看清了那深藏不露的自我幻相。**

「我們只能透過教人而學到」，這又是一個非常重要的觀念，〈教師指南〉說得更清楚（M-in.1~3）。我愈是能夠放掉自己對你的怨尤，等於在教你還有另一種思維方式，那麼，這個觀念就會更深刻地打入我自己的心中。寬恕之光讓我看見了自己的幻覺企圖掩飾的真相。我們已經說過，寬恕少不了「與耶穌攜手」這一環，只有與他聯手舉起的明燈，才能照亮心靈的暗室，把小我的幻相帶入真理的光明中（T-11.V.1）。寬恕能夠揭開小我防衛體系的面紗，讓我們有幸目睹藏身其後的真愛。我唯有撤除了自己投射在你身上的罪咎陰影，才能反映出自己不再投注於黑暗的真誠願心。如此一來，幻覺逐漸讓位給真理的光明，原本酷愛衝突的心靈終於看到了和平的曙光。

(5:6) **我才開始了解一切有情生命（包括我在內）的神聖本**

質，也才明白眾生與我確是一體的。

這一慧見就藏身於「我們是分裂、特殊、罪咎與恐懼之子」的小我信念底下。正是這一群不神聖的組合，遮蓋了上主賦予聖愛之子的神聖本質，那是一切「有情生命」（包括我在內）共有的神聖性。由此可知，不神聖與分裂，神聖與一體，其實屬於同義詞。

第五十八課

今天我們要複習下列的觀念：

接下來一連幾課都跟我們的神聖性有關。神聖性屬於我們心靈的另一面，只是被小我隱藏在它不神聖的思想體系之下。

(1:1) (36) **我的神聖本質籠罩著我所見的一切。**

(1:2) **我對真實世界的所知所見源自我的神聖本質。**

當我們的內心開始轉化，不再認同於小我的恨，而願意與耶穌的愛認同時，他的愛便會透過我們而推恩出去。眼前的世界可能依然如故，夢境的**形式**未必會轉變，然而，我們已經能透過自己心內愛的眼光去看這個世界了。真正的慈悲於焉誕生。我們不再為眾生形體上的遭遇而難過，只會為他們受苦的真正原因而痛心；這苦因便是認定自己是個有家歸不得的孤兒。在這慈悲慧眼之中，我們會明白**所有的**人都在承受同樣的苦難。

(1:3~5) **經由寬恕，我不再視自己罪孽深重。我已能接受純潔無罪為我的真相。透過諒解的眼光，我只會看到世界的神聖本質，因為我所能想到的念頭不過反映出我對自己的看法。**

這幾句話言簡意賅地道出了寬恕的要旨：我們先改變自己的知見，才能用另一種眼光看出別人的罪只是我們的自我信念所投射出去的幻影，從而看透了小我「分裂與攻擊」思想體系的虛幻本質。如此一來，救贖的純潔本質才可能回歸我們的意識而形成我們對世界的新知見。

我們馬上就會看到純潔本質或真實知見無所不包的本質：

(2:1) (37) **我的神聖本質祝福了世界。**

(2:2~5) **我是神聖的，這一知見不只祝聖了我自己。我在它的光明中所見到的一切人或物，都分享了它帶給我的喜悅。沒有一物會落於這喜悅之外，因為沒有一物分享不到我的神聖本質。就在我認清自己的神聖性之際，世界也會放射出它的神聖光輝，使眾人有目共睹。**

我們不只在小我體系屬於同一生命，在聖靈體系亦然。新的知見就是從這個了悟中誕生的，小我的分裂信念也在基督慧見中化解了，只因慧見會把整個聖子奧體（包括了世界）籠罩在自己的神聖本質內。我們的眼光若無法一視同仁，無所不包，就稱不上是慧見。只要排斥了聖子奧體的任何一部分，等於排斥整個聖子奧體，再也無法憶起自己原是上主之子了。為此，耶穌才如此提醒我們：

> 我已為你疲倦的眼睛帶來一個嶄新的世界，如此地清新、潔淨，它會使你忘卻往日的哀傷與痛苦。但你必須把慧眼之所見與身邊每一個人分享，否則你自己也無從看見。唯有給出這份禮物，你才可能享有這禮物的祝福。這是慈愛上主的天命，使你永遠失落不了這一禮物。（T-31.VIII.8:4~7）

(3:1) (38) **我的神聖本質無所不能。**

(3:2~3) **我的神聖本質具有無限的治癒能力，因為它的拯救能力也是無限的。除了脫離幻覺以外，還有什麼好拯救的？**

再一次提醒，我們並不是要把自己從世界或噩運中拯救出來，也無需為他人而拯救世界。我們只能從自己的妄見中拯救自己，這個妄見就是我們放棄了聖靈而選擇小我的那個錯誤。這與世界究竟如何毫不相干，一切僅僅和自己的虛妄念頭息息相關。這種救恩，療癒的是**一個**生命，因為**一個**聖子也只可能造出**一個**幻相。

(3:4~6) **除了我對自己的錯誤認知以外，還有什麼其他的幻覺？只需再度重申自己的真相，我的神聖本質就能一一化解那些幻相。一切偶像會在我與上主共享的神聖性前銷聲匿跡。**

我們再三看到耶穌不厭其煩地拉回同一個核心觀念：我們

所有的妄念都源自同**一個**錯誤的自我認知——我們不是上主創造的我們。這**一個**妄見一旦療癒了，小我所有的虛妄形象（也就是特殊性打造出來的種種偶像）便一舉都解除了。這就是所謂的**一個**問題，**一個**解答；那**一個**不神聖的妄見，就在**一個**神聖的慧見中獲得了解答。

(4:1) (39) **我的神聖本質乃是我的救恩。**

(4:2~3) **我的神聖本質既然已將我由所有罪咎中拯救出來，那麼認出自己的神聖性，就等於認出了我的救恩。同時也認出了世界的救恩。**

耶穌的交響樂可謂高潮迭起，同一個主題呈現的方式千變萬化。罪咎那**一個**問題一旦在神聖本質的**一個**解答中遁形，所有問題便隨之消失蹤影。我的自我認知就如此得到了療癒，眼前的世界也一併得救，因為它從未離開過我的心靈這一源頭。

(4:4~5) **我一旦接受了自己的神聖性，從此便一無所懼了。因著我的大無畏，每個人也必然分享我的這份認知，那正是上主賜給我與世界的禮物。**

自從我們選擇了這個不神聖的個體生命而放棄上主之子極其神聖的一體生命，**所有**的恐懼就這麼產生了。既然心靈是一體相通的，我若接受了自己的神聖本質，自然會激勵他人作出同一選擇。不過，這並不表示每個人都**會**立刻作此選擇。它真正的意涵是，只要在神聖本質內，我就會認出這個選擇**已經**出現於每個人的生命中，因為分裂之境已經解除了。至於聖子奧體每一份子**何時**才會接受這一選擇，那是遲早會發生的事。

(5:1) (40) **我是蒙受祝福的上主之子。**

(5:2~8) **這句話重申了我對全然美善以及純然美善的天賦權利。我是蒙受祝福的上主之子。一切美善之物非我莫屬，因為那是上主有意賜給我的。因著我的終極真相，我不可能遭受失落、剝削或折磨之苦。我的天父在一切事上支持我，保護我，並引導我。祂對我的照顧無微不至，祂永遠與我同在。我是永遠蒙受祝福的上主之子。**

世間所有的失落、剝削或痛苦的遭遇，全因我們忘了自己的真實身分。這才是問題的癥結，毫無例外可言。這也是奇蹟沒有難易之分的根本原因（T-1.I.1:1）。只要我們一放掉耶穌的手，轉而拉起小我的手，就不可能不落入苦海。如果我們繼續聽從小我的詭計，死守著錯誤的決定，等於在自己切身的苦果與它真正的苦因之間挖了一道鴻溝。我們還會自以為是地認定這些痛苦全是源自外面的世界、我們的親密伴侶、自己的身體，或所吃的食物……，從此再也認不出隱藏於心內的苦因了。直到有一天，我們終於看清自己所犯的錯誤，才會豁然明白而心甘情願回歸救贖之念。唯有此念，方能為我們反映出真實的自性，這才是我們的終極身分，不被任何痛苦失落之念撼動，永遠屹立不搖。於是，我們便由小我苦海無邊的噩夢中覺醒了，安返自己不曾離開片刻的天鄉。

第五十九課

今天我們要複習下面幾個觀念：

本課再次重申了「我們是上主之子」的真相，以及明白且接受這一真理之後所享有的神奇美妙之結局。

(1:1) (41) **不論我往何處，上主與我同行。**

(1:2~7) **若上主時時與我同行，我怎麼可能孤獨？祂的生命千古不易，我怎能還對自己懷疑不定？祂既以絕對的平安憩息我內，還有什麼事情騷擾得了我？祂既以慈愛喜樂環繞著我，我怎麼可能受苦？願我不再緊抓著自我的假相不放。我是完美的，因為不論我往何處，都有上主與我同行。**

請別誤解，這當然不是說上主有模有樣地與我們同行。耶穌是要我們明白，上主之所以與我們同在，只因祂的聖愛一直臨在於我們心中，而心靈是我們真正存在之處。我們就是靠此聖愛（也就是我們的自性）才化解得了分裂之念的；分裂，不消說，乃是一切苦難幻相的淵藪。

若要憶起這一聖愛，我們唯一要做的，就是喚醒心靈的選擇能力。這正是《奇蹟課程》最重要的主題之一，我們馬上就要談到這個力量了：

(2:1~2) (42) **上主是我的力量。慧見是祂的恩賜。**

(2:3~6) **今天願我不再憑自己的肉眼去看事情。願我心甘情願地把自己卑微而虛幻的眼光，換成上主賜我的慧眼。基督的慧見即是祂賜給我的禮物。今天我要祈求這一恩賜，我會在這一天了解永恆的真諦。**

只要記得自己內心的不安與困擾全是源自心靈的錯誤選擇，而非任何外在因素所致，我們就會明白，究竟要認同哪一套思想體系，完全操之於自己的選擇。唯有如此，我們才能把小我的妄見換成基督慧見，把排外轉為合一，分裂換成寬恕，時間化為永恆。

(3:1~2) (43) **上主是我的生命根源。離開祂，我便一無所見。**

(3:3~7) **上主要我看的，我自會看見。其餘的一切，我一概視而不見。凡不在祂旨意之內的，全是幻相。如果我認為自己離開祂還能看見，表示我已選擇了幻相。我若憑自己的肉眼去看，也表示我選擇了幻相。**

總之，一切妄見全都出自「我們可能離開上主而存在」這個虛妄的信念，這等於承認上主之子這一念（也就是我們）可能離開自己的終極源頭。我們的分裂之念就這樣投射出一個分裂的世界。我們相信世界存在，因為我們相信自己眼之所見，也就是說，肉眼之見已經取代了慧見。除非我們改變自己的心念，否則這個替代品就會繼續以假亂真下去。

(3:8~9) **然而，上主已賜給了我基督的慧見，取代一切幻相。我決心透過這個慧眼去看一切。**

《奇蹟課程》的宗旨所在，就是改變心念，使**慧見**得以取代小我之**見**。然而，除非我下定決心承認自己所想與所知全都錯了，否則慧見根本無從現身。我知道一定還有另一條路，因為我覺得總該有另一種活法才對。唯有承認自己並不快樂，知道自己渴望平安，我才可能不再執著於「自己是對的」。然而，若非真心嚮往平安幸福，否則我們是很難決心放下幻覺而選擇慧見的。

(4:1) (44) **上主是我賴以看見的光明。**

(4:2~4) **在黑暗中，我無法看見。上主是唯一的光明。因此，我若要看，必須透過祂去看。**

〈正文〉曾如此提醒我們：「慧見〔光明〕和判斷〔黑暗〕之間，你只能任選其一，而無法同時擁有兩者。」（T-20.V.4:7）我們不是選此，就是選彼；一旦選擇了正念之境，整個世界就因之自由了。

(4:5~7) **我曾企圖界定「看」的定義，而我的界定是錯誤的。現在我終於得以了解，上主是光明，在這光明中我才可能真正看見。願我接受這一慧見，迎向它所顯示給我的幸福世界。**

自己眼之所見以及自認為了解的一切，其實全都錯得離譜。回想一下，耶穌提醒我們多少次了，只要不再認同小我，不再堅持「自己是對的，上主是錯的」，我們就會享有如何的幸福結局。如果能欣然接受這一真相，我們必會更加虛心，投向基督的慧見，整個世界便會和我一起蒙受慧見祝福了。

本課的結尾再次回到一體之念，它具有化解世界的能力，因為它解除了心靈的分裂。

(5:1) (45) **上主是我藉以思想的天心。**

(5:2~4) **我沒有一個念頭不與上主共享。也沒有一個念頭在祂之外，因為我的心不在天心之外。既是天心的一部分，我的念頭便成了祂的聖念，祂的聖念也是我的念頭。**

可還記得，小我的體系就是從「我有我的想法，上主有祂的想法，絕不能讓兩者照面」這個前提衍生而出的。不僅如此，我們甚至變本加厲告訴上主祂該作何想才對。無明亂世的第二條法則就是從這種瘋狂至極的傲慢中竄出來的（T-23.II.4~6）；它還進一步把上主想成跟我們一樣的瘋狂：

> 這一條無明法則所隱含的傲慢心態在此更是昭然若

> 揭。這種心態企圖界定創造真相的造物主，諸如：祂應作何想，祂必信何事，祂又會如何答覆等等；並且對此深信不疑。聖子甚至不必向上主查證自己加在上主頭上的信念究竟是真是假。他只會「提醒」上主祂該如何又如何；上主別無選擇，若不接納聖子的看法，祂就必錯無疑。（T-23.II.6:1~4）

只要認出它徹頭徹尾的瘋狂，那神智不清的信念便能輕而易舉地修正過來了；分裂心境的烏雲立即消散無蹤，心靈重返原有的清明。聖愛的一體生命不曾改變分毫，它始終就是我們的自性之念，與整個聖子奧體和上主天心一體不分。讓我們一起慶祝這個一體生命吧！

第六十課

今天我們要複習這些觀念：

這個複習的最後一課又回到了寬恕，也就是耶穌「愛與真理」交響樂的主題曲。

(1:1) (46) **上主是我得以寬恕的愛。**

(1:2~3) **上主不用寬恕，因為祂從不定人的罪。凡本身無瑕可指的，不可能去指責別人；凡接受了自己純潔無罪的人，不會看到任何有待寬恕之事。**

上主不用寬恕，這一真理成了我們夢中寬恕的基本精神。寬恕的唯一功能，就在於它對天譴觀念具有修正的作用。我們一旦撤銷了自我判斷，必會同時撤銷對他人的判斷，只因判斷之**念**永遠離不開它的**源頭**。為此，耶穌敦促我們接納自己過去的錯誤，唯有在此前提下，我們才可能接受光輝燦爛的純潔本性——它始終安歇於那陰暗的罪的信念之後。只要天譴的觀念不再作祟，就沒有什麼需要寬恕的了。

(1:4~6) **然而，寬恕是幫我認出自己純潔無罪的媒介。它反映出上主對世人的愛。它會將我拉到天堂邊緣，讓上主的愛能觸及我，將我提昇到祂那裡去。**

問題是，我們並不真想昇到天堂去，因為我們的個體性一到那兒就會消融無痕。體會到自己的純潔無罪之際，會讓我們同時意識到自己多麼罪孽深重，只因我們一心想要與上主分離。唯有切實體認出這種信念所導致的痛苦，我們才會甘心選擇清明之念。從此，我們再也不怕上主的**最後一步**了。於是，從決心寬恕弟兄而展開的這一旅程，到此便結束了；我們終於容許祂的聖愛將我們從人間提昇至天堂。

這五課的另一要旨是「我們無法憑一己之力寬恕」，這也是《奇蹟課程》的重要主題，我們馬上就會讀到：

(2:1) (47) **上主是我得以信賴的力量。**

(2:2~3) **我不是靠我自己的力量寬恕。我靠的是上主在我內的力量，只有在寬恕之際，我才會憶起它的存在。**

請注意，不是我在寬恕你，我只能請聖靈陪我以不同的眼光看待你，只因我此刻對你的看法讓自己很不舒服。然而，箇中關鍵所在，我必須先認清我如此堅持自己是對的，如此執著於私人利益及特殊性，才招來種種不可言喻的痛苦；除非如此認清，我才會甘心放掉自己那不堪一擊的能力，重新選擇基督自性的大能。話說回來，這一大能必須透過寬恕才會重返我們的意識中。

(2:4~6) **當我開始看見時，便會從世上認出祂的倒影。我寬恕一切，因為我感受到了祂在我內澎湃的力量。於是，我逐漸憶起了那個聖愛；縱然我以前有意將它忘懷，它卻從未忘懷過我。**

問題在於我們老是忘了。這種遺忘是主動性的，是我們故意選擇遺忘，因為我寧可記得自己這個個體生命的脆弱，也不想知道自性的力量。所幸，忘記自己的終極身分並摧毀不了它，自性只會靜靜等候我們回心轉意。也就是說，自性在耐心等待我們改變自己的知見，把判斷轉變為慧見，從脆弱蛻變為力量。

第三段又將我們帶回了真實世界：

(3:1) (48) **沒有什麼好怕的。**

(3:2~4) **當我能夠看見世界的真相時，它在我眼中是多麼安全無虞啊！它和我此刻心目中的世界不可同日而語。我所見到的每一個人及每一事物都俯身祝福著我。**

如果我們選擇了自己心靈中安全無虞的那一部分，也就是耶穌所在之處，我們必會經驗到外在世界也同樣的安全無虞。

不可能**不**如此的，因為**觀念離不開它的源頭**。關於被寬恕了的世界之美，〈正文〉有兩段動人的描述：

> 你豈能想像得出你所寬恕的人在你眼中將會何等美麗？那種美妙是你在幻想世界前所未見的。你在世上見到的一切，不論是夢是醒，都無法和這一美景相比。你也不曾如此重視或珍惜過任何一物。這一美景所帶給你的喜悅，遠非過去一度讓你怦然心動之景物所能比擬。因為你看到了上主之子。你親眼見到那令聖靈情不自禁地感謝天父的至愛美景。聖靈受造的目的就是為了代你去看，直到你學會親眼看見這一景象為止。祂所有的教誨都是在教你如何去看、如何與祂一起感謝。

> 這種美妙不是一種幻覺。它是「真實世界」，光明聖潔，在朗朗日照之下熠熠生輝。它不再隱藏任何東西，因它內的一切已被寬恕，想要隱藏真相的幻覺在此已無立足之地。（T-17.II.1:1~2:3）

每當我們快被小我蒙蔽，把特殊性打造的醜陋世界當真之時，只要憶起真實世界之美，便能幫助我們重新選擇了。

請留意，前面課文的第四句話形容慧見時，特別重申了「每一個人」以及「每一事物」。只要我們把任何一人或任何一事排除於安全無虞的光明之外，整個世界頓時就會陷入黑暗，籠罩在我們罪咎之念的陰影下。

(3:5~6) **我會在每個人身上認出那一位既親密又神聖的道友。我已寬恕了世界，世界也寬恕了我，我還有什麼好怕的？**

這就是基督慧見，它是透過神聖性的眼光來看待整個聖子奧體的，絕不會排斥聖子的任何一部分。分裂意識一旦消失，恐懼便無立足之地，因為它只是罪咎信念導致的必然結果而已。海倫在她最早的一首詩〈聖誕禮物〉，一開始就點出慧見的真精神：

基督不會忽略任何一人，
單憑此，
你知祂是上主之子。
祂的輕撫
讓你看到無所不在的溫柔；
祂的愛
由你流向每一個人。
在祂的凝視下，
上主的愛徐徐自萬物復甦。

(《天恩詩集 / 暫譯》)

如此的愛隨時都在我們身邊以及心內，還有什麼好怕的？寬恕所帶來的愛，自然取代了原有的恐懼。

(4:1) (49) **這一整天，上主之聲不斷向我發言。**

(4:2~3) **上主之聲無時無刻不在呼喚我寬恕，只為了拯救我。上主之聲無時無刻不在指引我的思想，引導我的行動，並帶領我的腳步前進。**

我在第四十九課已經說過，這句話並不表示我們會從早到晚**聽到**上主的天音；它要說的是，上主在這一天中不斷**呼喚**著我。正因為我們想盡辦法遮蓋住祂的呼喚，才會打造出世界，而這也是特殊性不能不發動種種攻擊、判斷以及欲望念頭的真正原因。若想不受它們所惑，其實並不困難，我們不再聽從小我刺耳的叫囂就成了。然而，要聽見上主之音，光有願心還不夠，必須下定決心**唯獨**只聽祂的聲音才行；唯有如此，祂那溫柔寂靜卻又震聾啟聵的天音才會在我們的心底響起。聖愛的甜美頌歌就這樣傳遍整個夢境，成為我們思維言行的指針。

(4:4~5) **我篤定地向真理邁去。除此之外，我無處可去，因為上主之聲乃是祂賜給聖子的唯一天音以及嚮導。**

「除此之外，我無處可去」，請看，何等的篤定！我們若選擇任何其他的路，只是白忙一場，因它來自虛無之音，只會導向虛無。〈正文〉在「真正的選項」那一節的最後，提醒身為上主聖念的我們根本不曾離開過那個終極根源，而且，回歸上主之路本身足以一舉撤除那根本就不存在的虛無之路。以下的三段，如此生動地描述那種美妙的悟境：

上主不曾離開過自己的「聖念」！是你忘卻了祂的臨

在，也不記得祂的愛。世上沒有一條路可能通達祂處，人間也沒有一個目標與祂的目標一致。世上哪一條路會將你導向內心深處？那些旅程全都與你的人生目標背道而馳，讓你流落於烏有之鄉。領你遠離自己真相的歧路必會陷你於迷惑和絕望。幸好上主不可能任自己的「聖念」永遠失去存在的「根源」而淪於萬劫不復。

上主從未離開過自己的「聖念」！祂不可能與聖子分離，就如聖子也不可能自絕於上主。他們只可能結合於上主內，唯有回歸一體生命，雙方才得以圓滿。沒有一條道路可能背離上主。也沒有一種旅程可能背離你自己。除了徹底瘋狂且愚昧的人以外，誰會想得出以此為目標的路途？它又能通往何處？你怎麼可能踏上這種旅程？你的真相怎麼可能不與你同在？

寬恕自己的瘋狂吧！忘掉那荒謬的旅程以及無所適從的目標。它們沒有任何意義。你無法逃避自己的真相。因為上主是仁慈的，絕不會任聖子棄祂而去。為祂這一真相而感恩吧！因這成了陷於瘋狂與死亡中的你的唯一出路。你只可能從祂所在之處尋回自己。所有的路最終都會止於上主之境。（T-31.IV.9~11）

現在，複習一的交響樂到了尾聲，再度將我們帶回它的主題曲：愛的循環。從愛與智慧開始，最後在愛與智慧中結束。

(5:1)（50）**上主的聖愛支撐著我。**

(5:2~4) **只要我聆聽上主的聲音，祂的聖愛便撐托著我。只要我肯張開眼睛，祂的聖愛便照亮了世界，使我重新看見真相。只要我寬恕，祂的聖愛便提醒了我聖子的純潔無罪。**

祂的聖子是誰？不就是我嗎？我們既然全是一個生命，在我悟出自己的純潔無罪之際，必也同時悟入每個人的無罪本性。如果那個聖愛真的是上主的愛，一切**必然**如此！

(5:5) **只要我以祂所賜的慧眼仰望世界，我便會憶起自己原是祂的聖子。**

耶穌在這首交響樂的最後，將我們領至旅途的終極目標。若要獲得真實世界的慧見，只有一途，就是不再對外在世界的現象掉以輕心，我們才會領悟「**外在**世界反映**內心**世界」的玄機。我們在身體或人際互動所經歷的痛苦，一定會不斷催逼著我們去尋找另一條路或另一位導師的。唯有如此，我們才可能改變心念，選擇聖靈之念作為我們看的眼光，透過基督慧見去看這個世界。於是，真實世界便會迎著我們的慧眼而來。我們終於憶起了自己是上主唯一聖子的真相，我們會像〈練習手冊〉第三百四十課所形容的，情不自禁地歡呼：

> 今天，歡欣吧！歡欣吧！今天，只容得下喜悅與感謝。天父已在這一天拯救了祂的聖子。今天，所有的人都得救了。今天，沒有人願意活在恐懼中，天父會

把每一個人都召集到祂這兒，他們會在愛的天堂中一起甦醒過來。（W-340.2）

我們就用一體生命的幸福之念為這個天堂旅程畫上句點；這一念為我們結束了噩夢幻境，喚醒了我們對天父聖愛的記憶。

第六十一課

我是世界之光

本課的題旨援引了耶穌在福音中對門徒說的一句話：「你們是世上的光。」（馬太福音5：14）在整部課程裡，我們已多次讀到，耶穌雖然不時採用傳統基督教的觀念，卻每每賦予它們迥然不同的新意，本課即是一例。根據福音的記載，耶穌託付門徒一個任務——把光明帶給「世界」；而這裡所說的「世界」，指的是物質世界。

奇蹟學員若不清楚《課程》的形上原則，往往很容易把福音的訓示和本課的深意混為一談。請注意，耶穌在此並**不是**說我們應該把光明帶給世界，因為**根本沒有世界這一回事**。他說「我們是世界之光」，意思其實是說「基督之光在我們心中照耀著」。由於上主之子共享同一心靈，整個聖子奧體必也共享此一光明（聖子的「一體性」是這幾課附帶的主題，隨後還會不斷重述）。耶穌不會特別把光明託付給我們，要我們成為特殊的靈修人物，負起向世人傳佈光明的（特殊）任務。他的用意所在，乃是提醒陷於分裂幻相的我們，我們**全是**世界之光，因為我們同是上主的唯一聖子。僅僅一個標題，便足以修正小我灌輸給每個人的自我概念「我乃是世界之**黑暗**」。這種極具毀滅性的自我概念，在後面的九十三課形容得更為不堪：「你認為自己是邪魔、黑暗與罪惡的淵藪。」（W-93.1:1）對此，我們的任務正是把這種幻覺帶到自性的光明真理之內。

然而，如果我們心中懷有這類的念頭：「我是世界之光，你可不是。我的存在與眾不同，因著我的慈愛與神聖，我把光明賜給欠缺光明的你。」試看，這不是傲慢還會是什麼！它充分顯示出「我有你沒有」的「屬靈特殊性」之傲慢。耶穌在〈頌禱〉一文中特別提出「分裂取向的療癒心態」：治療師認定**自己**是治療師，負起療癒病患的責任，因而與病患劃清了界線。下面這一段話所影射的正是那種「分裂取向的光明」：

> 例如某人見多識廣，受過較好的訓練，或者比較聰明，天分較高。因此，他能治療另一個低他一等且有待保護的人。……這怎麼可能！它等於先假定兩人之間的不平等，還得當作真理般地接受，再藉這不平等關係去幫助受害者恢復健康，安撫那飽受自我懷疑之苦的心靈；這怎麼可能帶給任何人真實的療癒？……但你不可自封為傳送療癒這神聖禮物的使者。你只不過認出了自己與求助者原是同一個生命而已。他就是

> 靠你這一體意識才能驅除自己心裡的分裂意識，這才算是痛下針砭。給人一帖與病因無關的藥方，實在沒有道理，因那不可能真正療癒任何疾病的。（S-3.III.2:4~5; 3:3~4; 4:5~8）

一點也沒錯，真正有待療癒的，是人的心內相信分裂的那個陰魂，不論它化身為何種形式。儘管如此，切莫忘了，療癒的光明同時也在我們心內，只因我們心內並存著罪咎的黑暗與救贖的光明。只要我們選擇了光明，不僅能療癒自己，**同時**也療癒了世界，因為基督之光只會照耀在聖子的一體生命內，故也僅僅只有**一種**光明。如果相信還有其他的光明存在，就表示我們已經落入了小我特殊性的圈套。要知道，它的騙局所要得手的，並非只限於分裂，還包括了特殊性企圖掩飾的那個自我形象：「其實，我就是世界的陰影！」

正因如此，不僅在〈練習手冊〉，整部課程都一再叮嚀我們，我們的任務所在，就是提醒自己務必決心抵制小我的黑暗，活成世界之光。只要我們接受了救贖宣告的事實，自己就成了一記醒鐘，激發其他人作出同一選擇。為此，在本課一開始，耶穌就把我們光明的真實身分和那充滿傲慢與錯覺的陰森小我作了一個鮮明的對比：

(1) 除了上主之子以外，還有誰堪稱為世界之光？因此，這句話純粹是聲明你的真相而已。它與驕矜、傲慢或自欺的聲明方式恰恰相反。它與你營造出來的自我概念也截然不同。它與你

賦予偶像上的一切特質不可相提並論。它為你指出了，你仍是上主所創造的你。它只是聲明真相罷了。

我先前提過，「我們仍是上主所創造的我們」這一主題的反覆鋪陳，愈到後面，它的份量就愈重。在此，耶穌之所以再度為我們指出反面的現實，他不但要我們明白，我們確實深信不疑自己所「營造出來的（罪孽深重的）自我概念」；他還要我們謹記於心，這種自我概念其實正是抵制我們真實自性（也就是基督之光）的一種防衛機制。

(2:1~2) **對小我而言，今天的觀念等於變相的自我膨脹。但小我絲毫不懂謙遜，常把謙遜與自貶混為一談。**

對小我而言，一句「我是世界之光」，就表示「我擁有你所缺少的東西」；同樣的，謙遜對小我來說，不過是自我貶抑罷了。環顧世間，持有這一看法之人，可謂比比皆是。傳統基督徒為了表達謙虛，常會如此說：「我這可憐的罪人，只能憑靠我主耶穌基督的恩典而得救。」東正教最常誦念的「耶穌禱詞」，更為凸顯出這種自貶的特質：「我主耶穌基督，上主之子，請垂憐我這罪人！」表面上看來，彷彿極其謙虛，骨子裡卻是極度的傲慢，因為它無異於宣稱，在上主創造的神聖自性外，還有個與它毫不相干的罪惡之我存在。〈正文〉下面這段話一語道破了小我這種假謙虛：

小我的瘋狂信仰中有一基本信條：罪絕不是一個錯

> 誤，它是事實真相；純潔無罪之說才是自欺欺人。純潔被視為一種傲慢，承認自己罪孽深重，反而被視為一種聖德。這類教義存心否定天父為聖子創造的永恆不變的真相。這豈稱得上謙遜？它其實是在暗中扭曲造化的真相，使它再也看不見自己的真相。（T-19.II.4）

(2:3~5) **謙遜意味著你只接受自己在救恩中的角色，絕不接受其他的角色。如果成為世界之光乃是上主降於你的大任，你卻堅稱自己不配，這並不是謙遜。堅稱自己不可能負有這一任務，才是真正的傲慢；傲慢永遠出自小我。**

這一段話為我們帶來了另一個重要主題：「任務」（function），它同時也是《奇蹟課程》的核心理念——我們的任務無他，只是親自接受救贖，也就是接受自己虛幻的罪咎已被寬恕之事實。除此之外，不論是為了哪些人或做了什麼事，完全非關此生的任務，因為究竟說來，**外面根本沒有別人**。我們唯一的任務就是祈求耶穌幫助我們療癒自己的心靈，終有一天得以領悟「上主之子原是同一心靈」這個真相。心靈一旦療癒，我們便成了療癒的象徵，象徵著所有人的正念都選擇了光明而放棄黑暗。

如果我們不明就裡，一味抓著《奇蹟課程》的表面文字而大做文章，那麼我們所學到的很可能與耶穌的教誨背道而馳，重蹈了基督教及歷史上許多教派的覆轍。這種典型的錯誤，只會助長「靈性特殊性」的氣焰。可以說，這正是小我企圖抵制「我們全是**同一**聖子」之真相最高明的手法了。

(3) **真實的謙遜要求你接受今天的觀念，因為上主的天音親自告訴你此言不虛。這是你接受自己在世的真正任務的第一步。也是你在救恩大業中正名定位的一大步。它正面重申了你得救的權利，確認了上主賜予你拯救他人的能力。**

耶穌在〈正文〉多次提到，我們此世的任務只是寬恕或療癒；唯有在天堂，我們才負有創造的任務。例如下文所言：

> 去為聖靈工作吧，因為你身負祂的任務。你在天堂具有創造的任務，同樣的，你在世間也具有療癒的任務。在天堂裡，上主與你分享祂的任務，在這世間，聖靈也會與你分享祂的任務。（T-12.VII.4:6~8）

為此，本課所指的任務，即是為自己接受救恩，因之，聖靈方能透過我們而將救恩推及於世間每一個人。現在，我再重讀一遍極具關鍵性的兩句話：「這是你接受自己在世的真正任務的**第一步**。也是你在救恩大業中正名定位的**一大步**。」顯然的，這個說法寓意著一個過程——我們無法一步升天。耶穌從不指望他的學生早上操練第六十一課，下午就療癒了，甚至於到了晚上便恢復圓滿生命，進入真實世界。簡單說吧，我們才剛踏出改變自我形象的第一步。後文還會不斷重申「過程」這個重要的觀念。

(4) 今天你用心深思一下這個觀念。它是對所有幻相、也是所有誘惑的最佳回應方式。它會把你營造的一切自我形象都帶到真理前，幫你心無掛礙且目標明確地安心啟程。

毫無疑問的，這段話再次闡述了「把黑暗帶入光明，把幻相帶到真相」的道理。我們先前已經討論過，耶穌並不樂見我們把〈練習手冊〉的觀念當作「肯定語」，用來壓制我們對自己的錯誤認知。他真正期待的是，我們好好正視種種妄見，看清心內那些可怕的自我形象與自我概念；而且與耶穌一起正視，就等於把它們帶到耶穌的真理內。試想，如果我們根本意識不到妄見的存在，還有修正它們的機會嗎？

再說一次，切莫將〈練習手冊〉的話語當成覆蓋小我妄念的「肯定語」。想一想，新時代之所以如此強調「肯定語」，無非就是企圖利用真理來粉飾幻相；而這種企圖，正是耶穌所要修正的。也因此，他才會在〈練習手冊〉不斷為我們點出反面的現實。當然，他不僅再三提醒我們有如此虛妄的自我形象，他也同樣看重我們的光明真相。他叮嚀我們不要利用真相掩蓋幻相，而且要時時意識到自己是有選擇的。我反覆說過《奇蹟課程》極為強調心靈的選擇能力，箇中的關鍵就在於：如果我們不清楚自己**有何**選項，怎麼可能作出有意義的選擇？對此，耶穌一開始就把前提講得清清楚楚：我們既有妄念之心，也有正念之心；前者代表滿嘴謊言的小我之音，後者則是代真理發言的聖靈之音。

(5) 今天的練習盡可能多作幾遍，每次不必超過一兩分鐘。開始時，應先向自己說：

我是世界之光。這是我的唯一任務。
我為此而來到這個世界。

然後稍微想一想這些話的含意；若環境許可，最好閉起眼睛來作。讓一些相關的念頭自然浮現；你若分心而偏離了主題，不妨再默念一下今天的觀念。

請留意，耶穌再次敦促我們隨時記起今天的觀念，而且多多益善。他期許我們記住自己的真實身分，目的是要我們把小我那充滿罪咎與判斷的卑劣假相**帶到真相內**。各位是否注意到，耶穌又一次看準我們會分心出神，但他絕無奚落之意，只是勸勉我們克服心裡的恐懼，盡快回想起他所教導的真理。

(6) 記得以此練習作為一天的開始及結束。也就是說，你一醒來就先確認自己的真相；經過一天的反覆部分練習，最後在重申自己的任務及在世的唯一目的中入睡。你若覺得早晚兩個練習對你助益頗大而想延長時間，你可以練久一點。

如今，我們已經愈來愈熟悉耶穌的教學手法了。他要我們隨時記起自己的真相，如此，小我的錯覺幻想一旦升起，我們當下便會有一個明確的標竿可供自我評估。此外，耶穌也特別允許我們隨意延長練習的時間，只要別給自己壓力就好。

(7:1~4) **今天的觀念遠遠超越了小我對「你是誰」以及「你的人生目的」的卑微評價。身為救恩的傳人，這顯然是不可或缺的觀念。這是我們隨後幾個星期所要跨出的幾個大步的第一步。今天好好地為將來的進展奠定一個穩固的基礎吧！**

「小我對『你是誰』……的卑微評價」這句話，充分顯示出耶穌完全明白我們對小我的情有獨鍾，因此我們根本無需否認自己的偏愛。正因我們已經作了「抵制自性」的選擇，所以才需要一段時間，慢慢撤銷自己對小我那卑劣思想體系的信心。也就是說，從「放棄內心的抵制」，到「選擇真理」之間，的確是需要一段歷程的。整體而言，這幾課提供了幾個關鍵的訊息，幫我們一步一步建立起嶄新的自我概念。

(7:4~6) **今天好好地為將來的進展奠定一個穩固的基礎吧！你是世界之光。上主已將祂聖子的救贖計畫委託給你了。**

最後，耶穌提醒我們，此生的目標就是拋棄小我那個飽受分裂及罪咎之苦的卑微假相，憶起光明的真實身分。他要我們信任他的寬恕過程，並且殷切囑咐我們，若要完成這個目標，這幾課會為我們奠定穩固的基礎，切莫掉以輕心。

第六十二課

身為世界之光的我，負有寬恕的任務

本課和接下來的六十三課，一樣是針對「以耶穌慧見取代小我的自我形象」這個主題繼續加以發揮。誠如本課的標題所點出，我們所肩負世界之光的任務，一言以蔽之，其實就是寬恕的任務。經過〈正文〉的闡述，加上〈練習手冊〉的不斷深入，我們已然明白，整個寬恕的過程雖然必須透過自己與他人的關係，但它並非發生於兩個不同的個體之間，而是發生在我們的**心靈層次**。正因如此，關鍵並不在於我寬恕你，而是我寬恕了自己投射到你身上那個有罪的自我概念。千真萬確，這才是我們唯一能夠寬恕的，因為自己在知見世界所看到的一切，無一不是這個罪咎所投射出來的。

(1) **是你的寬恕，把黑暗的世界帶入光明之中。是你的寬恕，幫你認出那讓你得以看見的光明。寬恕成了你是世界之光的明證。藉著寬恕，你才能憶起自己的真相。因此，你得救與否全**

看你是否寬恕了。

請看，耶穌又一次為我們重述了「把黑暗帶入光明」這個核心觀念。的確如此，我們之所以能夠「認出那讓我們得以看見的光明」，完全是因為寬恕撤除了遮蔽視線的陰森面紗。也因此，所謂「寬恕」，並不是在光明上頭下功夫，而是徹底去除所有遮蔽光明的障眼物。一旦做到這一點，存留於我們意識內的，唯獨只有光明而已。

整部的《奇蹟課程》不知重申了多少遍，它的教誨無關乎光明或真理，「認出黑暗」才是全書一貫的焦點。當然，我們的修持過程少不了耶穌或聖靈的幫助，然而，看清黑暗並徹底化解，才是寬恕的真諦所在。為此，我們的得救之道並非**追求**光明，而是從黑暗勢力中幡然**脫身**。

(2:1~2) **你與世界是同一個幻相。因此，所有的寬恕實際上都是你給自己的禮物。**

這兩句話所根據的，乃是我們耳熟能詳的「觀念離不開它的源頭」之原則。正因為世界不過是我們虛構出來的一個觀念，它所呈現的紛紜萬象，根本就是從我們心內投射出去的產物。正因如此，耶穌才會說：「弟兄在我們心目中虛妄的負面形象，所反映的其實是我們對自己的虛幻形象。」這是不爭的事實，只因「觀念離不開它的源頭」。這一小段話雖然沒有明白點出，但這個重要至極的原則已經清清楚楚躍然紙上。由此可見，寬恕並不是我們送給別人的禮物，而是我們送給自己的禮物。

(2:3) **你的人生目標就是尋回自己的真相，你曾因攻擊造物主及其造化而否定了自己的本來面目。**

正是如此，身為唯一聖子的我們，在原初那一刻作了這樣的選擇：我們決定遺忘自己「原是基督自性，且與造物主共享同一生命」那個真相，寧可活成一個分立的個體，把自己從圓滿一體的生命切割出去。要知道，小我整套的妄念體系就是由此起家的，為此，需要修正的，也僅止於心靈的這一選擇。同理，我們若想憶起自己的真實身分，就必得先解除我們一直灌輸給自己的那些可怕想法。各位應該還記得耶穌提醒我們「修行的焦點」那一段重要引言，這類主題還會在本書後文不斷出現：

> 你在人間的功課並不是尋求愛，而是找出你為了抵制愛而在心內打造出來的所有障礙。凡是真實之物都不用你去找，只有虛幻不實之物才有待尋覓。（T-16.IV.6:1~2）

總之，我們得先找出自己「**不是**」什麼，才可能找到自己「**是**」什麼。

(2:4~5) **此時此刻的你正在學習如何憶起這一真相。你必須以寬恕來取代攻擊，生命之念才可能取代死亡之念。**

請記得，我們必須先看清並且承認自己心裡藏有攻擊之念，才有化解它的機會。這一觀念不論重複多少遍都不為過。如果我們根本意識不到自己內心有待寬恕和化解的是什麼，寬恕便顯得不著邊際。為此，我才不厭其煩地再三提醒奇蹟學員，切勿將《課程》某些話語（尤其是〈手冊〉的練習），拿來遮掩自己心裡的自我認定，而變質為一種抵制的伎倆。

(3:1) **記住，你每個攻擊等於是向自己的弱點求助，而你每個寬恕則是向你內的基督借力。**

畢竟，我們始終在自己的軟弱與基督的大能之間作選擇（T-31.VIII.2:3）。《奇蹟課程》的這個核心觀念，我們先前已經論述過了，此刻，這句話再度提醒我們，攻擊只會削弱自己，唯有寬恕才能加持並釋放我們。

(3:2~4) **你難道還不明白寬恕所帶給你的好處？它會幫你消除心中所有的脆弱、緊張及疲憊之感。它會帶走所有的恐懼、痛苦及罪咎。**

換言之，寬恕足以了結所有的痛苦。倘若細讀這幾句話，不難看出耶穌並非在說外在的行為層次。正因為人間所有的脆弱、緊張、疲憊、恐懼、內疚及種種痛苦，全都源自心內，因此有待化解的，也唯有我們的心念。芸芸眾生總是想盡辦法改造外境，迴避負面的人生經驗，《奇蹟課程》則將這類的解決方法一概視為怪力亂神。事實上，它們根本解決不了問題，充其量，只有一時之效，卻解決不了心內的真正苦因——原初選擇分裂的決定；而這一決定，唯獨自己才能扭轉。

誠如上面的引文所言，寬恕對我們大有好處。這一觀念首次在〈練習手冊〉出現，後文還會繼續發揮。無可諱言，每個人都想活得無憂無慮，或至少好過一點。耶穌善巧利用你我這點私心，因勢利導，一步一步耐心勸誘我們，世界固然能提供我們短暫的慰藉，然而，唯有寬恕才能帶來真實的療癒。

(3:5) **它會幫你拾回上主賜予聖子的百害不侵之能力。**

《奇蹟課程》每一句話都是針對心識層次而發的，用意即是喚醒我們的覺知，要我們覺知上主創造我們之際所賦予我們的基督大能以及百害不侵的生命本質。這一覺知原本就存在於我們心內，問題是，我們已經意識不到它的存在，只因它的大能早已遭小我罪咎及攻擊的雙重壓制。也因此，我們必須先撤除小我這類卑微無力的遮掩，上主之子的真實力量才能大放光明。

(4) **讓我們欣然以這練習作為一天的開始及結束，從早到晚盡可能發揮在你的日常生活裡。它會使你的日子洋溢著上主願你擁有的幸福。它還會幫助你周遭的人，甚至遠在天涯的親友，與你共享這一幸福。**

〈正文〉教導我們如何成為一個快樂的學徒（T-14.II）；而想要達成這個目標，自然少不了每天自動自發操練寬恕的功課，即使心裡百般不願，也要堅持下去。由於這一過程發生在心靈內，是超乎時空的，故它必然涵括了所有弟兄。也就是說，我們的操練對每位弟兄的修行必有護持之效益。如同下面這段話所說的，當我們把自己的黑暗帶入聖靈的光明時，祂的光明不只照耀在我們心中，同時也**照亮了整個聖子奧體：**

> 祂〔聖靈〕把真理的光明帶入了黑暗，且光照在你身上。當它照耀時，你的弟兄便會看見它的光輝，且明白這光輝並非出自於你，他們在你身上所見到的你遠勝於你眼中的自己。這光明的一課會把他們轉為快樂的學徒，因為這一課在教他們如何擺脫虛無本身以及虛無所生之物。除非你把光明帶給他們，否則他們無法識破那陷他們於絕望的沉重鎖鏈原來什麼也不是。……你也會跟他們一起看到這一事實。因著你教給他們的快樂解脫之道，他們成了幫你快樂地解脫的老師。（T-14.II.4:3~6,8~9）

(5) 今天的練習多多益善，若是環境許可，不妨閉起眼睛默念：

身為世界之光的我，負有寬恕的任務。

唯有完成自己的任務，我才可能幸福。

然後投入一兩分鐘的時間，想一下自己的任務以及它會帶給你的幸福與解脫。並且讓相關的念頭自然地浮現；你的心會認出

這些話，也會意識到它們真實不虛。若分心了，便再複誦一遍今天的觀念，且加上一句：

我願記住這一點，因為我要活得幸福。

顯然的，這段話明白點出了「寬恕任務」與「自己的幸福」兩者之間的密切關聯（後文還會詳述）；而「要活得幸福」，正是促進我們學習的最大動力。耶穌以無比的耐心誘導我們：藉由寬恕別人來解除內心的罪咎，乃是獲得幸福的**唯一**途徑。我在前文解說過〈練習手冊〉的交響樂結構，在此，我們又看到耶穌藉著不斷引進的新主題，每天將我們向前推進一點，架構出一首修行的交響樂。

第六十三課

世界之光藉著我的寬恕，把平安帶給每個心靈

本課又回到了「一體」這個主題。我們在前文已經讀出一種奧趣，耶穌每每在推出一個核心主題之後，又如何一步一步地鋪展下去。在本課，他再度接續前面課文的旨意，進一步告訴我們，只要寬恕，平安便能透過我們而延伸到整個聖子奧體，只因我們全屬於同一心靈。然而，這並不表示聖子奧體中自以為分裂的個體會立刻接受你的平安。它真正的意涵，乃是：我如今已經為聖子心靈活出另一象徵（即正念），藉此提醒聖子作出正確的選擇；光是這個提醒，便足以將平安帶給整個聖子奧體了。

(1:1) **能把平安帶給所有心靈的你，是多麼神聖啊！**

請注意，耶穌並不是說要把平安帶給每一具「身體」。究竟而言，寬恕的內涵意義，跟我們在形式層面上說了什麼或做

了什麼毫無關係，它僅僅代表我們在心中護守的真實一念。各位可還記得，先前引用過〈教師指南〉的一個重要觀念：只要我們選擇療癒，便等於在分享療癒；因為我們的選擇無異於邀請別人作出同樣的選擇（M-5.III.2）。如此一來，我們便好似代替聖靈行道，因為聖靈最多也只能規勸我們作出正確選擇而已。

> 聖靈要你記住，同時又要你忘掉。只因你已經選擇要活在一個對立可能存在的世界。從此你便不能不挑來選去了。……心靈分裂之後，才有選擇的必要。聖靈成了其中一個選項而已。……它〔聖靈的天音〕只是在旁提醒。是它所提醒的訊息本身讓你不得不信服。它為你的心靈指出另一條路，即使在你庸人自擾之際，它始終保持寧靜。（T-5.II.6:1~3,6~7; 7:4~6）

同樣的，我們在提醒自己之際，必然也提醒了自己的弟兄：平安原是一個決定，因著這個決定，便足以將所有的人結合於同一聖子內。在此，順便為大家點出，本課的第一句和〈正文〉「祂們已經來臨」那一節的首句，兩者在**形式**與**內涵**上，頗有異曲同工之妙：

> 想像一下你是何等的神聖！上主的天音必須經由你而向弟兄發出慈愛的召喚，你方能喚醒藏在他內的天音來回應你的呼求。（T-26.IX.1:1）

實在精彩，耶穌這種交響樂式的鋪敘手法，在這部傳世經典中，可謂俯拾皆是。

(1:2~3) **懂得學習如何讓自己完成這一任務的你，是多麼有福啊！還有什麼目標能帶給你更大的幸福？**

耶穌再次提醒我們，寬恕才是獲得幸福的唯一途徑，放下判斷必享幸福，只因判斷不僅分化了我們，而且更是一切痛苦的源頭。這個障礙一旦清除，幸福便會暢通無阻，流經我們的心靈，洋溢在一體不分的聖子奧體內。

(2:1~2) **身負重任的你，不愧為世界之光。上主之子的救恩完全仰賴於你。**

我們馬上就會看到，那位向我們尋求救贖的聖子其實是我們自己，也就是耶穌在第一百八十二課所說「那個迷失的神聖小孩」，這個小孩代表著我們隱藏在先，而後將之遺忘的基督自性。祂始終耐心等著我們寬恕別人和自己。正因為有這個神聖小孩，我們才能夠寬恕，而祂自己也因著我們的寬恕而獲得了寬恕。祂的寬恕猶如一道光明，照亮了每一個人（each of us）以及所有的人（all of us）。祂的光明**就是**聖子，而聖子就是我們。

(2:3~4) **這救恩非你莫屬，你必須分享給他才可能真正擁有。不要讓任何無謂的目標或無意義的欲望喧賓奪主，否則，你就會忘卻自己的任務，使得上主之子陷於水深火熱之中。**

這幾句話影射著我們早已選擇了「無謂的目標或無意義的欲望」，企圖以此來取代自己的光輝真相。可想而知，這些目標與欲望必然與「特殊性」脫離不了關係。我們已經說過，特殊性並不屬於行為層次，它純粹是一種心態，表示我們存心利用某人或某物來取代上主之愛或耶穌的平安。因此，耶穌才會說這一決定會帶來天堂地獄之別。

(2:5~6) **我們對你提出這一請求，絕非隨口說說而已。你務必先接受救恩，你才給得出救恩。**

給出救恩之道，即是先在自己心內接受救恩。這一接受，其實就是拒絕小我的思想體系，也等於帶給世界救恩。這是必然的結果，因為世界與我們是同一回事。為此，耶穌在〈正文〉第三十一章第一節裡將聖靈救恩的「單純性」與小我「救贖」計畫的「複雜性」做了一個明顯對比。小我企圖藉由特殊性將我們從罪咎中「拯救」出來，結果反倒將問題弄假成真，讓我們越陷越深。簡而言之，小我存心強化我們的分裂對立，聖靈則教導我們看出天賦的一體本質，藉以化解分裂之念。因此才說，這一選擇事關重大，它會帶來天堂地獄全然殊異的結果。

(3) **只要你能認出這任務的重要性，我們今天自會樂於隨時憶起此事。我們要以認可這一觀念作為一天之始，再以這一念結束一天的生活。從早到晚盡可能地多加複誦：**

世界之光藉著我的寬恕，把平安帶給每個心靈。

上主任命我為拯救世界的工具。

我們再次看到，耶穌由衷希望我們切身感受到，「隨時憶起當天的核心觀念」**對我們**是如此的重要。這也是他在〈正文〉最後給我們的提醒：只要守住基督慧見這份禮物，便能終結人間所有的痛苦。下面這段動人的描述為我們點出耶穌慧見無所不包的本質：

> 但你必須把慧眼之所見與身邊每一個人分享，否則你自己也無從看見。唯有給出這份禮物，你才可能享有這禮物的祝福。這是慈愛上主的天命，使你永遠失落不了這一禮物。（T-31.VIII.8:5~7）

耶穌要我們寬恕**所有**的人，唯其如此，我們才會深信不疑自己確實已被寬恕了。寬恕每個心靈之後，不只是自己，整個世界都在這一慧見中尋回了救恩。

(4:1~3) **也許你閉起眼睛，相關的念頭比較容易浮現；再花一兩分鐘的時間深思一下。然而，不要守株待兔。應把握所有練習的機會來加強今天的觀念。**

耶穌再次叮嚀我們，任何事物都在幫我們憶起「我們的幸福與此生的任務是同一回事」，因此要善加利用，不輕易放過任何機會。

(4:4~5)**請記住，上主之子的救恩仰賴於你。除了你的自性以外，還有誰堪稱為祂的聖子？**

這裡所說的「自性」，即是活在我們心內的基督，也就是好似迷失了方向的那個「神聖小孩」。無庸贅言，這小孩其實並沒有迷失，只是我們覺知不到祂的臨在而已。然而，只要親自接受幸福的寬恕任務，這一幸福覺知便會重現於我們心中的。

第六十四課

願我勿忘自己的任務

本課更直接而具體地要我們意識到自己的任務。

(1:1~2) **今天的觀念只是「主的禱詞」:「不要讓我陷於誘惑」的另一種說法而已。世界在你眼中的目的,不過是為了遮掩你的寬恕使命,給你充分的藉口忘卻自己的任務。**

耶穌一針見血地告訴我們,世界存在的目的,無非就是遮掩我們的寬恕任務。為了這個目的,小我打造出一個世界,不但確保了我們的個體性,還讓我們永遠無緣憶起自己的生命真相;更妙的是,我們從此無需為天人分裂負責了。也就是說,世界之所以被造得如此具體,就是為了讓分裂之境顯得無比真實,同時還能把責任投射到別人身上,難怪我們老是在別人而非自己身上看到罪的蹤影。這個觀點,到了第一百六十一課,還會解說得更為詳盡。

我們的寬恕任務，就是愈來愈清楚我們的個體生命其實是**自己心裡**虛構出來的幻相，同時也愈來愈明白罪咎懼一樣是我們**自己心裡**虛構出來的幻覺。虛構出幻相幻覺的目的，就是「阻擋」我們「不」選擇個體生命；而這種對個體生命的執著，正是有待我們化解之處。進而言之，世界的存在就是為了護守罪咎懼這個恐怖的連體嬰，唯其如此，才護守得住我們的個體存在。因此，世界好似後天所打造巨大無比的煙幕彈，遮掩了聖靈的修正，令我們視而不見。後文還會提到，世間根深柢固的不寬恕之念，為罪咎之心的種種投射提供了最佳的掩護，讓我們再也認不出它們的起因，也因此對它們一籌莫展（W-PII.一.2:3）。為此之故，小我想盡辦法引誘我們在他人**身上**看到罪咎，卻對自己**心內**的罪咎完全視而無睹。在〈正文〉最後一章，耶穌曾把「誘惑」具體界定為「我們總想把自己看成一具身體的那個私願」：

> 小心不要陷入誘惑！你只需提醒自己：那個荒謬而瘋狂的幻想存心把你變成一個「非你」〔比如說，一具身體〕。好好深思一下，你寧願活成的「非你」究竟是什麼？它如此痛苦、徹底瘋狂又充滿了死亡氣息，它代表一場失敗、絕望、不可信賴的夢，除了死亡，無一物能結束這個可怕夢魘。所謂誘惑，指的就是這個。（T-31.VII.14:1~4）

我們一旦視自己為這具身體，勢必也會把別人看成那具身體，而忍不住批判攻擊，因為身體原是自己心內分裂之念的產物。如今，我們總算可以理直氣壯地在他人身上算這筆帳了。

(1:3~4) **世界只不過是「背棄上主及其聖子」這一誘惑所披上的有形假相罷了。人的肉眼著眼的正是這一虛幻形象。**

我們當初以唯一聖子的身分打造出這個世界，從此，聖子便分裂為億萬個碎片。此後，自己的世界完完全全建立在自己這具身體上（包括了生理與心理的層次）。然後我們的感官（此處用眼睛為代表）進一步向外搜集證據，一次次向大腦回報：「真正存在的是世界，而**不是**心靈。」身體就這樣確保我們永遠不會在小我頭上動土，它的思想體系自然也毫無療癒的可能了。

(2:1) **肉眼依稀看到的一切，根本就是一種誘惑，因這正是身體存在的目的。**

再說一次，這種「誘惑」，指的就是要我們相信小我思想體系的確真實不虛，它和一般宗教所稱的「誘惑」大不相同。一般宗教的誘惑通常著眼於身體層次，而這裡所說的誘惑則是指「我相信小我是對的，聖靈是錯的」這種念頭。聖靈告訴我們，身體只是一個幻相，它那標榜個體性的思想體系純粹是個幻覺；夢境裡唯一的真理只有「我們從未離開上主」這一救贖原則。正因如此，才說身體存在的目的不過是想遮掩這一真理而已。誠如耶穌在〈正文〉裡的一句話：「沒有比只看外表的

知見更盲目的了。」（T-22.III.6:7）

請注意，耶穌在這一小段第一句話就說「**肉眼依稀看到的一切**」，表示肉眼根本無法真正看到，而所謂的「看」，不過是心靈告訴眼睛那是什麼而已。說穿了，就是外邊每一個人都有罪。就算我們看到自己也有罪，但我們堅信這絕不是自己的錯，因為我們一口咬定，來到世上根本不是出於自己的選擇。不只肉眼，我們所有的感官都是為了證明這一點而打造的。也因此，眼睛只能看到周遭每一個人的罪，就是看不到自己心裡的罪。這個觀念，只要留意《奇蹟課程》重述過多少次，便足以證明它有多重要了。

(2:2~4) **然而，我們知道，聖靈能把你營造的一切幻相轉為其他用途；也就是說，祂能在幻相中看出另一種目的。對聖靈而言，世界是你學習寬恕的地方，寬恕那自認為罪孽深重的自己。這一知見能把誘惑的有形假相轉變為心靈認出救恩的機會。**

這是耶穌在〈正文〉為我們指出的特殊任務（T-25.VI）。小我營造出特殊關係的目的，用意就是讓我們相互攻擊，彼此傷害，深深陷於對立狀態；聖靈卻能善用同一關係作為媒介，教導我們解除小我的目的，將這些關係轉化為療癒而非攻擊的象徵。從此，世界不再是終身囚禁我們的牢獄，反而轉為我們學習解脫的教室，只因我們已然徹悟「自己在外界所見的一切原是內心的決定投射出去的倒影」。聖靈讓我們看清自己的幸福任務，這一幸福真相會幫助我們把眼光轉回心靈，知道自己是可以另作選擇的。

當然，耶穌絕不是要我們否定世界或身體，他只是說：「把你的經歷帶到我這兒來吧，我才能教你用不同的眼光去看。別再相信小我了，讓我成為你日常生活的嚮導吧，我好幫你拆除我們之間的藩籬，讓你親身感受到我的愛。」這個藩籬，並非外在某種有形的障礙，它純粹是指我們願意選擇哪一位老師，以及用何種心態來活出此生。

(3:1) **在此不妨再溫習一下前面幾課的內容，你在世的任務乃是成為世界之光，那是上天賦予你的使命。**

我們是上主的聖愛與光明延伸出來的受造生命，這一點成了「我們的生命就是上主的聖愛與光明」之保證，也因此，我們的任務只是**活出**上主創造的這一生命真相而已。順便一提，耶穌並不是說，上主**特別**賦予我們一個**特殊**任務。要注意，這種信念最得小我的歡心，因為它大大助長了小我酷愛的「靈性特殊性」。比如說，上主（或耶穌，或聖靈）要我寫這本書，要我替《奇蹟課程》傳道，要我遠渡重洋或在心裡為世界某個災區帶來療癒，乃至要我去幫助某一個人解決某一個特殊問題，諸如此類的。其實，我們此生此世唯獨只有一個任務，就是學習寬恕——這個任務能幫助我們重新憶起自己在天堂的創造任務。換句話說，成為世界之光，同時也蘊含著以寬恕解除黑暗的任務，使黑暗再也阻擋不了我們的真實身分，而讓光明從心靈深處照射出去，降福**唯一**聖子的**唯一**世界。

(3:2~4)懷疑這一點，只是小我的傲慢在作祟；認為自己不配接受上主親自指派的任務，也只是小我的恐懼在作祟而已。世界的救恩正等著你的寬恕，因為上主之子必須藉此才能擺脫世間的假相以及所有的誘惑。這位上主之子就是你。

請留意這個《奇蹟課程》的一貫理念：不管在〈正文〉、〈練習手冊〉，或者〈教師指南〉，每當耶穌一再提到我們需要寬恕上主之子，或上主之子需要我們的協助之時，他絕不是指外面某一個人，他說的是我們每一個人，也就是看似陷於某種人際關係的這個自己。我們必須謹記在心，耶穌所謂的「任務」，絕不是指某種具體的作為或具體的任務，而是「非具體」的寬恕任務，也就是全人類一體共有的任務——我們的一體相通性不只是在黑暗裡，也在光明中；不只同在仇恨裡，也同在寬恕中。

(4)你只有完成上主賦予你的任務才可能幸福。因為你的任務就是活出幸福，只要你善用那媒介，幸福乃是你的宿命。此外無他。因此，你每次決定是否要完成自己的任務時，你其實是在決定自己是否想要幸福。

上面的一段話和以下〈正文〉這句話有著異曲同工之妙：「真正的『快感』乃是來自承行上主的旨意。」(T-1.VII.1:4) 耶穌並非反對我們享受人間的欲樂，他只是提醒我們，不論是哪一種欲樂或快感，比起跟他一起化解分裂與特殊性後的真正幸福，實在天差地遠。活在這個世上，即使如何的心想事成，也不可能享有真正的幸福與喜悅，更別提真正的平安了。我們得先徹底放下存心抵制它們的種種心障（也就是罪、咎、懼、攻擊、痛苦、犧牲與死亡之念），幸福平安才可能油然浮現於我們心中。總之，我們此生只有一個任務，就是與聖靈結合，一起以不同的眼光正視小我的思想體系。唯有完成這一任務，才有真正的幸福快樂可言。

幸福乃是存在的本然境界，它跟身體或心理的滿足感毫不相干。幸福，在這段話裡，指的就是憶起我們的基督自性。根據這個界定，我們一旦與自己的終極身分分裂，必會感到不幸福，只能從現實生活的其他領域去追求幸福，然而，那是註定找不到的。即使好似尋獲，也一定微不足道，而且稍縱即逝。相形之下，耶穌所說的幸福，則必然長長久久，因為它源自聖愛之念，全然超越時空的限制。

此外，這段話也暗示了，既然寬恕是獲得幸福**目標**的**工具**，我們若選擇不寬恕，其實等於選擇不幸福。耶穌殷切希望我們在了解寬恕功課與幸福的因果關聯後，會更願意學習活出本課程的教誨。

(5:1~6) **讓我們今天記住這一點。讓我們從早到晚、時時刻刻都這樣提醒自己。好好為你今天將作的決定早作準備；你只需記住，那些決定其實十分單純。每一個決定不是帶給你幸福，就**

是帶給你不幸。這麼簡單的決定，怎會讓你猶豫不決？不要被這一決定的外表形式所蒙蔽。

換句話說，不要把今天**某些**事件過於當真，誤以為這事或那事會讓你更幸福或不幸福。關鍵在於它的**內涵**，它既可以成為幸福的工具，也可以讓心靈很不快樂。這一決定其實很單純，與我們先前提到的救恩之單純性殊無二致。為此之故，奇蹟沒有難易之分（T-1.I.1:1），幻相也沒有大小之別（T-23.II.2:3），這正是「你不是完全相信本課程所言，就是完全不信」（T-22.II.7:4）的充分理由。確實如此，我們可以這麼說，從看起來複雜無比的生活**表相**下，學習看出聖靈單純無比的**內涵**，這是我們這一整天的心力投注之處。緊接著，耶穌在下文繼續為我們發揮這一主題：

(5:7~10) **表面看起來很複雜的事，內涵未必複雜。世上沒有一個決定，它的內涵不屬於這一單純抉擇的。那是聖靈眼中的唯一抉擇。因此，也是你僅有的抉擇。**

這幾句話極其重要，它可說是針對許多學員最常犯的錯誤痛下針砭。在此同時，這幾句話也讓我們聯想到先前引過的兩段〈正文〉：

> 複雜乃是小我愛玩的把戲，它存心把原本一目了然的真相搞得曖昧不明。（T-15.IV.6:2）

> 複雜性與上主無關。它怎麼可能與上主扯上關係？

> 因上主只知道「一」。祂只知道一個造化、一個實相、一個真理，以及一個聖子。有什麼東西能夠與這個「一」矛盾？那麼，祂怎麼可能複雜？（T-26.III.1:1~5）

問題**不在於**請教聖靈該怎麼做，比如說，該去甲地還是乙地？該找張三還是李四？該吃這個還是那個？該做這事還是另一件事？在聖靈眼中，只有一個單純無比的選擇：選擇上主還是小我？為此，祂也希望我們只提出一個問題：「我究竟要相信救贖原則，還是要把分裂當真？」這才是聖靈眼中唯一有待選擇之處，因此，我們也只可能求祂幫我們作出這一選擇。

話說回來，我們既然深信不疑自己是某號**具體**人物，活在這個**具體**的世界，有著種種**具體**的需求，因之，自然而然也會感受到聖靈好似給了某個**具體**的指示，或要我們去做某件**具體**的事。我們很快就會讀到，後面好幾課真有這一說法。只不過，耶穌在此特別點出，在經驗層次，我們難免有這類感受，而事實上，聖靈眼中只有一種選擇：究竟是選擇真相或是幻相？說穿了，這根本稱不上是一種「選擇」。

每一天，面對種種看似重要或不重要的事，我們都得作個決定，其實唯一需要用心之處是，我們究竟要選擇哪一位導師。倘若選擇了聖靈，我們自然知道在某一場合該當如何才是最有愛心的表現。但如果我們緊緊盯著聖靈，頻頻向祂索求具體的指示，我們早晚也會「聽到」某個具體建議的。其實，這表示我們已經忘了自己的功課，才會每次一碰到問題或進行某個計畫，就非得問祂不可，也難怪，耶穌在〈教師指南〉最後一篇曾說過，這種過日子的方法實在「太不實際了，本課程最重視的就是可行性」。（M-29.5:4~7）

準此可知，耶穌只要我們盡可能隨時覺於他的臨在，並且只要單純地**想到他**就夠了，而並非問他該怎麼具體進行，尤其當我們陷入小我妄念之際（比如焦慮、擔心）。說得更直接一點，每當我們把某個決定看得無比嚴重，這時，內心這種「無比嚴重」的幻覺，表示我們已經擅自作了選擇，其結果，**必錯無疑**。說到究竟，人間根本沒有一個選擇具有那麼大的意義，因為意義只可能存在於心靈層次，也就是在小我與聖靈之間作選擇的那種意義。

今天，我們要試著漸漸地、緩緩地隨時想起耶穌的臨在。這樣的練習，會讓我們警覺自己竟然這麼**少**想到他！原來，我們多麼**不願**想起他，我們又多麼想要當家作主，壓根兒**不想**向他求助。追究其因，我們是如此想要護守住自己的特殊性，也因之，對於凡是能化解自己特殊性的援助自然退避三舍。幸好，我們還有正念之心，它會寬恕我們「存心遺忘自己」的那個渴望。在這段解說裡，耶穌再度溫柔又寬容地提醒我們，只有一個選擇，這也是耶穌不斷說這部課程其實相當簡單的理由所在。（若想深入「單純性」的觀念，請參閱〈正文〉第三十章的「作決定的準則」那一節）

接下來，耶穌給出今天具體的操練方式，目的仍是激勵我們練習「記得」：

(6) **那麼，今天讓我們來熟悉一下這些念頭：**

> **願我勿忘自己的任務。**
>
> **願我不再存心用自訂的任務來取代上主的任務。**
>
> **願我寬恕而活出幸福。**

今天你至少要練習一次十到十五分鐘左右，閉起眼睛反省一下。只要記得你的任務對自己與世界何其重要，那麼，與此相關的念頭自會現身助你一臂之力。

最後的結語是全課的關鍵。如果我們真正明白了寬恕對自己以及對整個聖子奧體的重要性，我們自會記住這一任務的。

耶穌接著讓我們知道，他對我們的抵制心態其實一清二楚：

(7) **在這一天裡，多多運用今天的觀念；先投入幾分鐘複習一下這些想法，放下其他的念頭，深思一番言下之意。這對初學者非常不容易，因為你尚未具備它所要求的定力。你若想讓自己專心一點，不妨持續地複誦「願我勿忘自己的任務」這一句話。**

奇蹟學員務必特別小心，切莫高估了自己的學習境界！說真的，我們很容易認定這類練習好似是為頭腦簡單的人設計的，跟自己「高超」的悟境相比，簡直是小菜一碟。容我提醒一聲，寧可低估自己的靈修境界，對自己的成長才更有實益。大致而言，前面的幾十課特別有助於培養我們的謙遜，唯有謙遜的心才能陪伴我們安穩地抵達目的地。

結尾這一段再度提到「張眼及閉眼」的練習方式，意味著我們對眼前的外在有形世界以及心念裡的內在世界之間，其實尚未具備真正的分辨能力。

(8)你需要作兩種「短式」練習。有時閉起眼睛練習，試著把心專注於你所運用的觀念上。有時則先複誦那一觀念，然後張開眼睛，不加揀擇地緩緩環顧四周，默默地告訴自己：

這就是我受命拯救的世界。

如果能真正明白張眼或閉眼的練習其實是同一回事，就表示我們也一定明白自己受命去拯救的那個世界，其實就在自己的心裡。

第六十五課

我唯一的任務就是上主賜我的任務

如果我們暗自認定「除了寬恕以外，我還有別的任務」，就該警覺自己已經落入某種防衛心態了。我們常會認為此生好似負有某些重要使命，比方說，拯救世界、家庭、親友、職業，或者成為奇蹟名師等等。不論以哪一種形式呈現，其實都不是我們的任務，也不可能來自上主。我們先前已經討論過，上主對人間的種種根本一無所知，祂「給」我們的任務只有一個，就是憶起我們是祂的聖子；而要恢復這一記憶，也唯有寬恕一途。這正是本課的主旨。

(1:1~2) **今天的觀念重申了你對救恩的承諾。它同時提醒你，這是你唯一的任務。**

請記得，所謂「救恩」，就是將自己從妄心中拯救出來，不再相信「我是對的，耶穌錯了」。換句話說，它要解除一個根深柢固的信念：我是孤立自主的個體生命，為了解除咎由自取的痛苦，我不能不把責任推卸給其他人。

(1:3) **這兩個觀念顯然是一個徹底承諾的必備條件。**

「這兩個觀念」，即是指「救恩的任務」以及「此外沒有其他的任務」。耶穌要我們同時正視正負兩種心態，亦即正面的「寬恕任務」之心態，以及負面的「相信自己還有其他任務」之心態。耶穌在隨後的兩句說得更為直截了當，他要我們時時警覺正念心境以及妄念心境這兩種「任務觀」。

(1:4~5) **只要你還珍惜其他的人生目的，救恩就不可能成為你的唯一目的。全然接受救恩為你的唯一任務，包含了兩種承諾：一是認清你的唯一任務就是得救，二是放棄你自行打造的其他目標。**

不言而喻的，人們總得先意識到自己心中隱藏著其他目標，才有放棄它們的可能。耶穌的這段提醒不僅凸顯出一個人的自我誠實是何等的重要，同時也反映了他的掛慮，只因我們太容易被小我引誘而落入特殊性的陷阱。他在〈正文〉要我們求助於他的兩段話裡，曾經如此呼籲，現在，我們不妨再聽一遍他的懇求：

> 你不妨仔細看看自己究竟在求什麼？你在這事上必須對自己非常誠實，我們之間不能有任何隱瞞。（T-4.III.8:1~2）

> 不妨捫心自問一下，你有多少想法是上主想都想不到的，又有多少念頭是上主願你想而你不願去想的？誠實地反省一下自己所做的一切，以及自己該做而未做的一切；然後，改變你的心念，試著以上主的心態去想。（T-4.IV.2:4~5）

換一種說法，就是向真實的任務說「是」，同時向虛妄的任務說「不」。耶穌在〈正文〉「最後一道未獲答覆的問題」那一節中曾說：對那四個問題中的最後一個問題答覆「是」之時，必然意味著「不是否」（T-21.VII.12）。也就是說，我們必須先正視小我對真理的「否定」，然後拒絕否定而說「不是否」。〈正文〉還有一句話，前面已經提過多次，大家應當耳熟能詳了：

> 因此，奇蹟志工的任務便是**幫忙否定他們對真理的否定**。（T-12.II.1:5）

顯然的，這句話正是要我們看清，自己如何明目張膽同時又鬼鬼祟祟，意圖為**自己**樹立某種人生目標——這才是我們投胎人間的真正企圖。沒有錯，我們經常會往自己臉上貼金，認為此生負有什麼高貴的任務。事實上，絕非如此！我們在此純粹只是為了解除小我賦予我們的**不高貴**任務（也就是試圖將自己的罪咎歸罪他人，而無需為自己的感受與經歷負責）。確實如此，解除小我的目的，成了寬恕的真正內涵，也是此生的任務；**此外，我們沒有任何任務可言。**

（2:1）**只有這樣，你才能名副其實地躋身於人間救主的行列。**

耶穌在〈正文〉最後一章的最後一節「重新選擇」裡，一開始就要我們作一選擇，究竟想要躋身於救主的行列，還是與弟兄一起墮入地獄？（T-31.VIII.1:5）此刻，他再次引用這個要點，就好似作曲家再度鄭重推出交響樂前面的精彩旋律。

(2:2~3) **只有這樣，你才可能真心說出：「我唯一的任務就是上主賜我的任務。」只有這樣，你才可能獲得心靈的平安。**

請特別留意，在這小小的一段反覆出現「只有，唯一」（only）一詞，這個only是耶穌在整部課程經常使用的詞彙，在此，他竟然一連用了三次。確實，除了寬恕，我們沒有其他的任務；**只有**完成這一任務（也就是化解小我的虛妄任務），我們才可能找回心靈的平安。小我的任務總是離不開我這具身體在世上做了某些事，而這些經驗只會讓「失心之境」顯得比什麼都真實。〈教師指南〉有一段話在討論憤怒時，為我們描述了藉著寬恕而獲享平安的過程，大意是：憤怒是由一具身體指向另一具身體，因而鞏固了「失心之境」；唯有寬恕，方能引領我們回歸自己的心靈，重享上主的平安：

> 憤怒所在之處，上主的平安絕對無法進入，因憤怒必會抵制平安的來臨。只要你還想為自己的憤怒尋找藉口，不論以什麼方式或在任何場合下，你等於公開宣告平安沒有存在的意義；那麼你必然也會相信

> 它沒有存在的可能。平安是不可能在這種心態中現身的。為此，寬恕成了你找回上主平安的先決條件。我們甚至可以這樣說，寬恕所在之處，平安**必會**來臨。（M-20.3:3~7）〔編按：上述引文的粗體是肯恩所標註的〕

聖靈的真理一向被覆蓋在小我的防禦措施之下，我們若想意識到祂的真理，**唯一**的途徑，就是下定決心抵制自己的憤怒，或是小我任何一種遮掩手法。

(3:1~3) **今天以及隨後幾天，記得騰出十至十五分鐘來作「長式」的練習，它會幫你深入並接受這一觀念的真實含意。今天的觀念能夠幫你掙脫自己心目中的困境。它會把你自行封鎖的平安之門的鑰匙放回你手中。**

除非先看到自己的困境，否則我們豈有掙脫的可能？「心目中的困境」這幾個字，意味著這些困境並非真的存在，只是自己如此認定而已。為此，脫身之道無他，就是意識到自己眼中的困境所反映的小我思想體系，然後在自己心內拒絕與它認同，如此，便不會受困於它了。這幾句話再度重申了奇蹟的第一原則——奇蹟沒有難易之分。請記得，只要與耶穌一起正視心目中的困境，不難看清這些麻煩其實只是一堆煙幕彈，企圖掩飾**唯一**真正的問題，亦即我們對分裂之境堅信不疑的那個信念。一旦看穿了它的內幕，心目中所有的困境就會瞬間消融為一個問題，奇蹟便能輕而易舉地將它修正過來了。

耶穌在第一百二十一課點出「寬恕是幸福的關鍵」。毫無疑問，幸福之鑰就在我們自己手中，既不在耶穌或上主的手中，也不在《奇蹟課程》的掌管下，更別提其他任何人了。這把鑰匙**就在我們手中**，唯獨我們具備了開啟或關閉幸福之門的能力；我們的心靈究竟想要封鎖聖靈的真理，或是揭發小我的謊言，全都操之在己。聖靈之門既然是我們關上的，自然只有我們才能重新開啟。如今，聖靈就在那扇門的背後等候著，但祂無法代替我們作此選擇。

在這段課文，耶穌特別叮囑我們做「長式」練習，可見他多麼寄望我們認真反省他每天給我們的觀念。他在傳述《奇蹟課程》的初期，也曾經給予海倫與比爾類似的告誡：「好好地讀這些筆記！」（《暫別永福》（暫譯）PP.251~252）

(3:4) **它答覆了你自太初之始即在探索的一切問題。**

「你自太初之始即在探索……」，句中的「你」，耶穌並非指我們心目中那個個體之我，而是上主之子的集體生命。萬古以來，芸芸眾生在所有存在層次所一心追尋的，不外乎幸福、平安，或最低限度的「不再受苦」罷了。然而不消說，如今我們一敗塗地，甚至可以說，人類當前面臨的苦難比起任何時代有過之而無不及。當然，這個看法也是一種幻相。因為在虛幻的時空世界裡，評比輕重高下，毫無意義可言，但對於活在幻境中的我們，感覺之中，種種苦難確實有程度之別。另一方面，表面看來我們似乎愈來愈懂得迎合小我，但其實自己心裡也有數，這些自我保護措施愈來愈不靈光了，只好不斷尋找離苦得樂的新手法。但終究可以確定的是，我們絕對找不到的，只因我們根本是在緣木求魚。為此，我們須臾不可忘記：寬恕屬於心靈層次，並非發生在心外任何一處；它象徵一種選擇，表示我們鬆開了緊抓著小我的手，轉而尊耶穌為師。

一旦作出清明而正確的選擇，這位新導師就會讓我們明白，過去的探索之所以徒勞無功，只因我們死命地朝著真理與幸福不可能存在的地方追尋。一如耶穌在〈正文〉接近結尾之處所說的：

> 真正的選擇不屬於幻相領域。世界無法為你提供那種選擇。人間的道路只會將你導向失望、虛無與死亡。它好似給你種種選項，其實你根本沒有選擇的餘地。不要企圖逃避世上的問題。你當初就是因為不想解決問題而造出世界的。切勿被名堂繁多的人生途徑混淆了眼目，它們都指向同一終點。……它們全通向死亡。……你若沿著一條與幸福背道而馳的路前行，怎麼可能找到幸福？這種荒謬的路不可能是正道。……你若要達到某個目標，必須朝它的方向前進，斷不可背道而馳。通往他方的路，豈能帶你接近目的地？……你必須看清真正的選項，才可能作出真正的選擇。（T-31.IV.2:1~8,11; 7:1~4; 8:1）

(4:1~2) 如果可能，試著把「長式」練習安排在固定的時間。

並且設法把這時間預先騰出來，然後盡量按照計畫進行。

前文已經提過，耶穌在某幾課給予相當具體的指引，比如說，他要我們安排固定的練習時段，但隨後又會提醒：「這類安排並非一成不變的。」言下之意，其實是在暗示我們的心靈嚴重缺乏鍛鍊，重新啟動選擇能力必會讓心靈倉惶失措。如果不安排固定的操練時段，排山倒海而來的恐懼肯定會讓心靈更加舉棋不定，難以重新選擇，使得〈練習手冊〉效果不彰。無論如何，這些外在的規範的確有助於我們「內化」耶穌的教誨，唯有如此，我們才能隨時想起他以及他的訊息。

一旦我們給予自己一些規範，很快會看到自己不但常常忘記長式練習，還會找盡藉口，或者乾脆否認內在的恐懼。可以說，這正是讓我們意識到自己的抗拒有多深的大好機會。後文還會深入探討這種抗拒心態。

(4:3)〔這一安排的〕**目的是為了讓你在一天中能為上主保留一段時間，正如你會為世間無謂追逐的瑣碎目標而騰出時間一樣。**

請看看，耶穌並沒有要我們放棄「無謂的追逐」或「瑣碎的目標」；反之，他會說：「你可以保留它們，但也請給我一些時間，讓我幫你安排今天的日子。這回不妨投入十分鐘，下次再花十分鐘，下下次就投入二十分鐘。只要事先安排妥當，你就不用放棄自己之所好，同時每天還能想起我，讓我與你共度一段時光。」他對我們的要求實在不多，我們也應效法他的寬容，態度明確而堅定，溫柔又有耐心，來對待彼此以及對待自己。真理不會硬敲我們的頭，它會透過虛幻的日子以及我們之所好，提醒我們人生最重要的事。容我再提醒一次，〈正文〉一個極其重要的觀念，就是聖靈不會剝奪人間的特殊關係，祂只會加以轉化（T-17.IV.2:3）。

(4:4) 你的心靈需要這種長程的鍛鍊，如此，聖靈才能藉此機會持續不斷地與你分享祂的目標。

耶穌再三提到我們極度需要這種鍛鍊的過程。這種長程的鍛鍊愈到後面規範愈少，然而在現階段，這類規範極其重要。倘若我們認為自己不需要任何規範，反倒透露了小我的傲慢。

(5) 在「長式」練習中，先溫習一下今天的觀念。然後閉起眼睛，向自己複誦一遍，留意一下自己心裡所浮現的念頭。開始時，不要只注意與今天觀念相關的念頭。而應努力覺察每個讓你分心的雜念。留意浮現腦海的每個念頭，盡量不要插手干預或為它操心，只是觀察它的起落，且這樣告訴自己：

這個念頭意圖阻撓我接納自己的唯一任務。

請注意，耶穌明確告訴我們，我們的任務就是看住小我的念頭，因為正是這些念頭令我們忘了當天的課題，因此，練習的焦點即是好好看住這些念頭，它們正是問題的癥結所在。這一段如此強調省察起心動念，不只呼應了前面幾課的主旨，同時也再次提醒我們務必恆常地練習。唯有警覺這些念頭的存在，我們才有機會真正將它們帶到耶穌的愛中，逐一化解。如此清除每個雜念、每個障礙，接受自己的真實身分，正是我們的**唯一任務**。請記住，觀看之時，盡可能放下焦慮、內疚或判斷，我們才不會賦予這些念頭任何力量，否則反而助長了小我的勢力。

(6:1~2) 過一會兒，干擾的雜念就會愈來愈少了。不妨再延長一兩分鐘，試著捕捉幾個你以前不曾留意的雜念；但也不用絞盡腦汁或勉為其難。

耶穌要我們特別留意這類無謂的雜念，儘管它們飄忽不定，難以捉摸。重要的是，我們真的**有心**讓它們曝光現形，因為這一用心適足以反映出我們小小的願心，誠如耶穌在〈正文〉所說，聖靈的療癒就是靠我們這一點願心（T-18.IV,V）。

至此，重頭戲終於上場了：

(6:3~4) 然後，向自己說：

願我的真正任務銘刻在我清淨的心版上。

是的，我們的工作就是淨化自己的心版，這是《奇蹟課程》一再重申的要旨。長期以來，我們的心靈淤塞了種種念頭——分裂、罪咎、攻擊、痛苦、快慰、特殊性、傲慢與死亡之念，這些淤塞日久的廢物嚴重遮蔽了人心中昭然若揭的救贖。淨化心版的途徑，就是高度警覺卻不帶任何批判地留意自己的無謂雜念，並且明白那是自己存心推開耶穌的愛而作出的選擇。因此，我們的任務不過是「選擇」清除淤塞心內的廢物，讓那隱身於後的大愛照射進來而大放光明。

(6:5) 你不用拘泥於上述的字眼，只需重申你甘願讓真理來取代那虛幻的目標即可。

再說一次，如何「讓真理取代虛幻的目標」不是我們的事，那是耶穌的工作，我們的任務只是重申我們的「甘願」，甘願把小我的幻相帶到他那兒去，這正是耶穌在此寄望於我們的小小願心。透過這個願心，讓真正的寬恕任務來取代我們的「虛幻目標」，也就是接受他的光明來修正我們的陰森錯誤。請記得，這點小小願心，始終是耶穌對我們一貫的訴求。

(7) 最後，再複誦一遍今天的觀念，剩餘的練習時間可把心思集中於這觀念對你的重要性，以及你的解脫，只要你肯接受，這一觀念會徹底化解你的衝突；同時再反觀一下你對救恩真正渴望到什麼程度，不必理會那些老在你心裡唱反調的無聊念頭。

無可否認的，我們終日忙著透過外在作為來解決內心的衝突，而不得不犧牲他人的利益，因此認定世界本來就是利害衝突之地，自己的利益與他人的福祉有如魚與熊掌，根本不可兼得。其實，在人生夢境裡，真正的衝突只有一種，就是小我與聖靈在心靈內的矛盾。當然，究竟說來，這也是幻相，但這個矛盾卻成了我們需要面對的唯一問題：「我究竟要拜小我還是耶穌為師？」

不論我們心目中所相信的救恩多麼荒誕無稽，耶穌仍然一心想要激發我們對救恩的渴望，因此，他要我們練習時特別留意救恩在我們心目中會以什麼瘋狂愚昧的途徑降臨，並且比較一下自以為會帶來幸福之物，以及真正的幸福之源兩者的不同之處。

前文提過，我們的任務就是活得幸福快樂，這個觀點會在下一課深入討論。此刻，先來一探「不幸福、不快樂」的究竟。平心而言，我們都渴望幸福快樂，但問題就卡在小我的傲慢上，因為我們老是自以為知道什麼才是幸福，然而，「謙遜」則會提醒我們：「我們真的不知道怎樣才會幸福，但活在我們內的那一位，祂知道。」針對這點，〈正文〉在「苦樂不分」（T-7.X）以及「禁錮與自由之別」（T-8.II）這兩節可說是觀點一致地點醒我們，其中，尤以下面這兩段最具代表性：

> 聖靈引導你，只是想讓你少受一點兒苦。任何人只要看清了祂的目的，沒有人會反對的。問題不在於聖靈所說的究竟是對還是錯，而在於你是否想要聆聽祂的話。你早已搞不清什麼是苦了，正如你已搞不清什麼是樂了，你常常把它們混為一談。聖靈的主要任務就是教你分辨兩者的不同。令你喜悅之事對小我可能苦

不堪言，只要你對自己的真相心存疑惑，苦樂對你就會變得混淆不清。（T-7.X.3:1~6）

我們已經說過，聖靈會教你分辨痛苦與喜悅的不同。這與教你分辨禁錮與自由其實是同一回事。若非聖靈，你根本無法分辨兩者的不同，因為你一直在教自己：禁錮等於自由。你既已相信它們是同一回事了，還能認出兩者的差異嗎？你又怎能期待過去教你相信它們原是同一回事的那一部分心靈，回頭教你分辨兩者的差異？（T-8.II.5）

(8) 每小時至少作一次「短式」練習，也可用下列形式發揮今天的觀念：

我唯一的任務就是上主賜我的任務。
此外，我一概不要，也一概不取。

練習時不妨閉起眼睛，偶爾睜開環顧一下四周。只要你全心接納今天的觀念，你此刻所見的一切就會煥然一新。

我們又再次看到**睜眼及閉眼**的提示了，充分反映出「**觀念離不開它的源頭**」的道理。小我縱然想盡辦法把種種念頭投射成有形可見的外在世界（故**睜眼**練習）；然而，那些念頭依然留在我們心內（故**閉眼**練習）。因此才說，只要改變自己的想法，所見之外境也會隨之徹底改變，道理即在於此。

第六十六課

我的幸福與我的任務是同一回事

本課繼續延伸「我的幸福與任務」之主題，特別是針對「幸福與任務」兩者一體不分的深意多所著墨。簡而言之，幸福的唯一途徑，即是接納耶穌的教誨；而以耶穌為師，代表著我們接受了寬恕的任務。除此之外，別無幸福可言，只因人間的幸福必然稍縱即逝。

(1) 你一定已經留意到，我們最近的課程一直在強調「完成你的任務」與「活出幸福」之間的關係。因為你至今尚未真正看出兩者的關聯性。其實，它們之間不只有關，根本就是同一回事。形式雖然有所不同，內涵則完全一致。

也就是說，「完成我們的任務」是因，幸福則是果。一旦寬恕了自己的罪咎、仇恨和痛苦之念，所餘的唯有幸福，因為因與果原本一體不分。「一體性」這個重要觀念，可說是貫穿《奇蹟課程》的一大主題，它不僅是天堂境界的特質，連分裂妄心也有同樣的屬性。總之，因和果，觀念與源頭，內在與外在，全是同一回事。因與果之所以不可分，只因觀念離不開它的源頭，後果離不開它的起因。再說一次，「接受我們的任務」是因，而「幸福」正是它的必然果報；在真理之境，兩者是渾然不可分割的一體。

(2:1) **什麼才是你的任務？這是小我始終在與聖靈爭鬥的根本問題。**

對小我而言，生存乃是我們的天職。為了生存，我們不能不把分裂的責任投射到他人身上，如此，我們便再也無需面對自己心靈當初選擇小我的那個決定了。無庸贅言，這純粹只是單向的戰爭，因為聖靈對小我打造的幻相一無所知，祂只知道我們選擇了與幻相認同。話說戰爭，總得**兩方**交手才打得起來，但聖靈壓根兒不可能跟小我交鋒（上主更不可能了），這個事實保證了「天人無戰事」！這個「非戰」的性質，就是《奇蹟課程》的「不設防」原理，也是救贖的本質。小我在分裂那一刻雖然向上主宣戰了，但這個分裂根本不曾發生，因為上主對它一無所知。凡是沒被認可的幻相，始終就只是個幻相，除非跟它槓上了，這個幻相才會在我們**信念**中變得真實無比。分裂之夢境就是這樣被我們弄假成真的。然而，只要選擇了救贖，瘋狂之境立即化解，我們便會再度意識到自己原是基督，而這個終極身分才是無上的真相。

(2:2) **它不斷與聖靈爭辯什麼才是你的幸福所在。**

每當我們痛下殺手之際，一定是小我最痛快的時刻，只因**痛下殺手或坐以待斃**正是它的處世原則。無怪乎，當別人付出代價而我們滿全了自己的欲望之時，必是小我最快樂的一刻，我贏你輸，痛快極了！只要看看運動場上大獲全勝的球員反應就可見一斑了，他們互相狂擁，喜不自勝，就因為對手輸了。試想，如果對手贏的話，他們還可能如此快活嗎？運動場的遊戲規則從來就是「不能雙贏」。不論我們是運動場上的一員，還是觀眾席上的球迷，外表看來毫無惡意的反應，但卻十足反映出小我思想體系極其狠毒的一面——**非此即彼，非你即我**。然而，聖靈對這一切只會如此溫柔回應：

> 你只是誤把自己的詮釋當成真相而已。你錯了。但是錯誤並非罪惡，你的錯誤也篡奪不了真理實相的寶座。上主永遠君臨天下，唯有祂的律法對你及世界有約束力。祂的聖愛才是唯一真實的存在。恐懼只是幻覺而已，因為你其實與祂一樣。（M-18.3:7~12）

聖愛對我們無條件的接納，才是真正幸福之所在。

(2:3~6) **這種鬥爭並非雙向的。小我發動攻擊，聖靈從不理會。祂知道你真正的任務是什麼。祂知道你的幸福在哪裡。**

聖靈絕對不會回應小我的，因為對祂而言，根本沒有什麼好回應的。祂是我們內在真相的倒影，怎麼可能理睬幻相？祂一回應，豈不是把幻相弄假成真了！耶穌在〈正文〉解釋過（我也一再引用過），聖靈只會善盡提醒之責而已，祂既不強求，也無征服或控制我們的意圖。除了提醒真相以外，祂什麼也不做。耶穌繼續解釋下去：

> 上主的天音總是如此寧靜，因為它傳達的是和平的訊息。和平比戰爭更有力量，因為它有療癒能力。戰爭代表分化，而非增益。奮鬥也不會帶給人任何益處的。「人縱然賺得了全世界，卻賠上了自己的靈魂，於他又有何益處？」你若聽從了錯誤的聲音，便會忘失自己的靈魂。（T-5.II.7:7~12）

就因為我們曾經聽信了「錯誤的聲音」而陷入鬥爭，失落了靈魂；這個內在的衝突一遇到聖靈的平安，便會自然止息。只要不與之對立，那些假想敵根本沒有立足之地；看似烽火遍地的戰場，也「終將隱沒於它所源自的虛無中」（M-13.1:2）。因此，我們只需把小我的攻擊幻相帶到聖靈的真相前，「真相對它們視若無睹」（M-14.1:10）；那些虛假的現實一旦不被認可，當下便瓦解了。聖靈怎麼可能去回應它們？

問題是，小我仍會鍥而不捨，拼命將衝突弄假成真。話說回來，任何衝突絕對少不了對立，一方獲勝，另一方必輸。然而，在聖靈眼中，並沒有對立的兩方；真正存在的，唯有上主，此外無他。也因此，聖靈若要幫助我們擺脫衝突，祂只會點醒我們：「衝突根本就不存在，也沒有問題有待解決，更沒有敵人需要對抗或征服。」唯獨只有這一真相，方能讓我們平安無虞地活在幸福中。

(3) 今天我們要試著略過那毫無意義的鬥爭，回到你真正的任務上。我們不再參與「究竟是什麼任務」的無謂爭辯。我們也不再重蹈覆轍，為幸福妄下定義，更不自訂尋求幸福的途徑這類徒勞之舉。我們不再放縱小我，聽信它對真理的挑釁。我們只會為自己能夠看清真相而感到欣慰。

同樣的，《奇蹟課程》化解小我之道，就是要我們好好正視它，此外別無他求。只要我們能真正看進去，必會恍然大悟，那兒什麼也沒有，因此根本沒有必要去界定小我，也無需去跟它那一套思維爭辯。如此，我們當下便能越過它的虛幻本質而直抵真理之境。容我再次引用下面這兩段重要的話：

> 不願正視幻相的人，必然受制於幻相；因為「不願面對」本身即是對幻相的一種保護。你無需逃避幻相，因它傷害不了你。我們一起深入探討小我思想體系的時刻到了，只要我們同心協力，這盞明燈便足以驅散小我的陰影；你既已明白，小我並非你之所願，表示你已準備妥當了。……我們會在「小我的運作模式」這一課深入一段時間，只因你已將它弄假成真了，若想超越過去，不能不先正視它的存在。讓我們靜靜地一起化解這一錯誤，方能越過錯誤而一睹真相。

> 療癒之道無他，只需清除擋在真知之前的種種障礙。除非你能直接面對幻相，不再袒護，你才驅除得了它們。即使你一眼看到恐懼之源，也切莫害怕，因你已明白，那恐懼其實虛幻無比。（T-11.V.1:1~3,5,6；2:1~3）

顯然的，一向被我們當真的小我，根本引發不了任何後果。這一領悟乃是寬恕過程不可或缺的一環。小我既然造不出任何「果」，它便不可能是「因」；它若不能成為任何一物之因，表示它根本就不存在。

我們不惜為此生打造出一個虛假的任務（即特殊性），只為了取代自己真正的任務（即寬恕）。耶穌在此訓練我們看清這一事實，如此，我們才可能憶起自己的終極真相。請留意，他只要求我們正視虛妄的那一面，因為幻相必須先帶到真相前，小我的黑暗才會在真理光明中煙消雲散。

(4) 今天「長式」練習的目的就是要你接受一個事實：上主賦予你的任務與你的幸福之間不只具有極真實的聯繫，它們其實是同一回事。上主只會賜你幸福。因此，祂所賦予你的任務必是幸福無疑；縱然它們看起來好像是兩回事。今天的練習就是幫你超越兩者外表上的差異，認清它們在真理內的同一內涵。

在這裡，耶穌將表相與真相作了一個關鍵性的分野，這個區別，所根據的，並非外表上的差異，而是我們的內在經驗。

自古以來，不少靈修人士被各種宗教或修行傳統薰陶出一個瘋狂的信念，認為神明要求人們犧牲，若要完成一生的任務，便非得付出痛苦的代價不可。耶穌在〈正文〉第三章一開始就針對「連上主都會為了救恩而親自迫害自己的聖子」（T-3.I.2:4）那種瘋狂觀念提出反駁，在下面這段引文，他繼續針對十字架的妄見痛下針砭：

> 上主從來不信因果報應那一套。那絕非天心的創造模式。祂不會抓著你的「惡行」，跟你過不去。祂怎麼可能為了你的「錯」來修理我？你必須認清這種假設是多麼的荒謬，而且把這一投射的來龍去脈看得一清二楚。因為這類錯誤必會衍生出一連串類似的錯誤來，包括相信上主遺棄了亞當，並把他趕出伊甸園之類的故事。這也是你不時地認為我在誤導你的真正原因。……上主從來不知道犧牲這一回事。這觀念純粹是恐懼引發出來的，受驚的人會變得非常凶惡。（T-3.I.3:4~10; 4:1~2）

沒有錯，這類由恐懼引發出來的凶惡無情，往往不僅針對別人，同時也一樣不留餘地地指向自己。本課的題旨「**我的幸福與我的任務是同一回事**」，用意就是要修正「神明要求犧牲」那種扭曲至極的信念。畢竟而言，千古以來，多少人已經因為這個觀念而吃盡了苦頭。

承接上述的討論，延續到本課第五段，耶穌改用邏輯三段論證來證明整個論點的可靠性。

(5:1~4) 練習長度約莫十至十五分鐘左右，開始時，先複習一下下列的觀念：

上主只會賜我幸福。

祂已將我的任務賜給了我。

因此，我的任務必是幸福無疑。

三段論證中，如果第一句和第二句是真的，第三句必然正確無疑。換句話說，第一個前提「上主只會賜我幸福」，以及第二個前提「祂已將我的任務賜給了我」既然是真實的，「我的任務必是幸福無疑」便成了完全中肯合理的結論。

耶穌採用三段論證的目的，無非要我們明白，不論我們在世間努力做了什麼，也都沒有一事能帶來幸福。話說回來，我們必須先看清自己所有的努力不只失敗了，而且還一敗塗地，如此，才會打從心底說出「必有另一條路才對」，恍然大悟自己遍尋不得的原因所在——原來是找錯了地方。而今，如果想找到真正的幸福，唯有進入心內，向那位真正的師尊請教。耶穌接著說：

(5:5~6:6)縱然你還無法接受這一結論，至少試著看出這一論證的邏輯性。除非前面兩個前提有誤，結論才可能錯誤。那麼，我們在練習時，不妨先反省一下這些前提。

第一個前提：上主只會賜我幸福。當然，這也可能是錯的，但

它若是錯的，你必須把上主界定成祂所不是之物。愛不可能給出邪惡；凡不是幸福的，必屬邪惡之類。上主不可能給出祂所沒有之物，祂也不可能擁有祂所不是之物。除非上主只會賜你幸福，否則祂必是邪惡的。你若不接受第一個前提，就只有相信上主是邪惡之輩這個界定了。

耶穌所點出的關鍵是，如果我們不相信上主只可能賜人幸福，就會把祂想成「兩面神」，一個不僅給人幸福，還會給出**其他東西**的那種神明。正如同《聖經》的那位神，祂給人幸福，也讓人痛苦；給人生命，也給人死亡；給出美善，也給予邪惡。耶穌在這部課程所深刻描述的上主，不折不扣的，正是為了修正《聖經》那位善惡兼具的「兩面神」之形象。他斬釘截鐵地告訴我們，上主**只可能**賜人幸福，因祂只知道圓滿一體，因此，祂也只會給出祂自己，而不可能給出其他任何東西。原因是，**根本沒有「其他東西」存在。**

如果上主能**同時**給出幸福和邪惡，就表示邪惡也屬於上主的一部分。請別忘了，「觀念離不開它的源頭」。根據這個邏輯來推衍，邪惡若真的存在，而上主又是一切的源頭，那麼邪惡必然源自上主，這表示真神內不只有上主，還有魔鬼。因此，耶穌要求我們好好深思一下，這可能嗎！

下一段開始討論第二前提：

(7:1~4) **第二個前提：上主已將你的任務賜給了你。我們已討論**

過，你的心靈只有兩部分。一部分屬於小我統轄，由一堆幻覺組成。另一部分則是聖靈的居所，即真理所在之處。

不說自明，這兒所描述的當然就是心靈分裂出去的正念之心和妄念之心。

下面這句話顯然是指我們所謂的「抉擇者」，也就是心靈的第三部分。

(7:5) **你只能從這兩個嚮導中任選其一……**

由此可知，我們心中必然還有另一部分，能在小我和聖靈之間作選擇。

(7:5) **……而你選擇的結果也不外乎兩種：一是小我必然引發的恐懼，另一是聖靈一直在給你以取代恐懼的愛。**

世間只可能有兩種結局（或者說兩種後果、兩種內涵）：不是愛，就是恐懼。其他的一切不過是愛或恐懼的種種表達型態而已。難怪耶穌在第六十四課說過：「表面看起來很複雜的事，內涵未必複雜。」換言之，世界形成的目的就是要蒙蔽或迷惑我們，不論它看來多麼複雜，本質上其實是一個單純的選擇——如果選擇了小我，就得承受恐懼與痛苦等等不幸結果；倘若選擇聖靈，就能享有快樂與平安的幸福結果。一切就這麼簡單。

(8) **如此，你的任務若非出自那為上主發言的天音，就是出自**

你為取代上主而營造出來的小我。哪一個才是真的？它若非上主賜你的任務，便是小我的贈禮。小我哪有什麼禮物可以相贈？它本身既然只是一個幻覺，所贈之禮將是何等虛幻！

耶穌明確告訴我們，小我是給不出真實禮物的，因此，它給的禮物沒有一個是真的。唯有上主才有資格賦予我們任務。說到這裡，我們又回到一個老問題：我們心內還有一部分神智不清，它偏愛小我的分裂與獨立個體的「禮物」，寧願放棄上主的一體大愛之禮。縱然小我的「禮物」只會帶來痛苦及折磨，我們仍樂於承受這一苦果，只為了確保自己能繼續**存在**（existence）。這就是何以然身為導師的耶穌，最大的挑戰莫過於令我們相信：幸福只可能來自選擇回歸**存有**（being），也就是我們的真實自性。

(9)**在今天的「長式」練習中，不妨深思一番。並且反省一下，你內心對自己的任務存有多少種幻覺？你曾以多少種方式跟隨小我的引導去尋找救恩？你找到了嗎？你感到幸福嗎？它可曾帶給你平安？我們今天必須對自己非常誠實。誠實回顧一下它所帶給你的種種後果，並反省一下，你希望小我帶給你幸福，豈是合理的期待？然而，小我是聖靈之聲以外唯一的選項。**

耶穌再次叮嚀我們，務必好好看緊自己的小我。若想憶起上主賦予我們的任務，我們得先看清小我已經賦予自己哪些任務來取代上主的禮物。此時，耶穌要我們徹底誠實地反問自己，這些任務（甚至可說世間任何一物）可曾帶給我們任何幸福？*毋庸贅言*，耶穌並不是指我們偶爾會經歷的「如願以償」那種稍縱即逝的快樂。他所說的那種幸福，深湛到沒有一物能夠撼動它分毫。請留意，在閱讀和操練《奇蹟課程》的過程中，耶穌一直要求我們誠實，欠缺了這種深度的誠實，小我就會趁虛溜進我們的潛意識興風作浪，不只讓我們這一生不好過，還讓整個世界都不好過。

到了第十段，耶穌又重申了另一重要的奇蹟理念——**非此即彼**。不過，這兒指的並不是小我層次的「非此即彼」，而是更究竟的層次，「若非上主，就是小我」，兩者既不可能並存，更不可能同為真實。

(10:1~4) **你若不聽從瘋狂之聲，就會聽到真理之言。不妨想一想我們這結論的前提，試著選擇真理吧！這一結論是我們唯一可能共享之物。因為這是上主親自分享給我們的。**

正因為這是上主親自分享給我們的，必然真實不虛；此外，全是謊言。這麼一個無比單純的結論，全然反映出我們的抉擇之單純性——選擇上主，就等於拒絕小我的瘋狂；反之，選擇了小我，不啻拒絕上主的真相。前者只會導向幸福，後者必定沉淪苦海。還有比這更單純的事實嗎？

(10:5~8) **相同的就是相同的，不同的就是不同，今天的觀念乃是導向這知見的另一大步。一邊全是幻相。另一邊全是真相。**

願我們今天設法明白：只有真理才是真的。

可以說，這個主題貫穿了整部的《奇蹟課程》。例如耶穌在〈練習手冊〉的「何謂最後審判？」曾說：「基督再度來臨帶給上主之子的禮物，即是讓他聽到聖靈的宣判：凡是虛妄的就是虛妄，凡是真實的則千古不易。」（W-PII. 十.1:1）再一次，我們又回到了「非此即彼」之原則 。另外在〈正文〉第十五章，我們也讀過一段新年的禱文：「讓我們以『同等』的心對待一切，而使這一年有所『不同』。」（T-15.XI.10:11）換句話說，在正念之境，我們必會經驗到「所有事情全是同一回事」，因為它們全都為同一個寬恕目標而存在；唯獨此寬恕能帶給我們幸福。

然而，對小我來說，追求幸福的途徑彷彿很多，最讓我們感到自己與眾不同的，莫過於「我快樂，你不快樂」——我若真想快樂，你就得失敗，我才會顯得與你不同。我們絲毫不明白，如果我不快樂，你怎麼快樂得起來？反之亦然。因為我若傷害了你，自己便不可能不受傷；我若寬恕了你，自己也不可能不蒙受寬恕的。只因我們毫無不同，是同一位聖子，這位聖子的妄念之心負責攻擊，正念之心負責寬恕，如此而已。〈正文〉第二十二章最後為「神聖關係」作結論時，所強調的正是這一觀念：

> 只有相異之物才會彼此攻擊。你便理直氣壯地下此結論：既然你們能夠攻擊，表示你與弟兄必是兩個不同

的生命。聖靈的詮釋恰恰相反。祂說，正因你和弟兄不是兩個生命，所以你不可能攻擊他。這兩種論證各有自己的邏輯，也都言之成理，但卻無法並存。若要確定哪一論證才是真的，你只需答覆一個問題：你和你弟兄真的是兩個不同的生命嗎？從你所能了解的立場來看，你們確實不同，因此才會彼此攻擊。在兩種答覆之中，這一詮釋反倒顯得天經地義，因它比較符合你的經驗。為此，你亟需另一種真正貼近真理的經驗，教你看出什麼才是天經地義，什麼才是真實不虛的。（T-22.VI.13）

(11) **至於「短式」練習，你若能每小時練習兩次，必然獲益匪淺。不妨按照下面建議的形式練習一下：**

我的幸福與我的任務是同一回事，因為兩者都是上主的恩賜。

這句話所需的時間不會超過一分鐘，甚至更少；慢慢地複誦，一邊說，一邊想想它的深意。

無疑的，我們會很驚訝自己居然這麼容易就忘了這個練習——每小時才練習兩回，並不需要太多時間，默默念想寬恕帶給自己的幸福。但小我可不同意，因為它會滿懷忌妒，企圖吞占每個「不神聖」的一刻。為此，如果我們做不到每小時練習兩回，不妨反省一下自己對這個練習的抗拒。但要記得與聖靈一起去看，如此，就不會掉入自我批判、內疚等等小我的陷阱。你會發現，每寬恕一次自己忘了練習，所帶給自己的回報，是那麼不可思議。

第六十七課

愛把我創造得猶如它自身一樣

(1:1~5) 今天的觀念可謂一語道破你的真相。你是世界之光，原因即在於此。上主任命你為人間的救主，原因也在於此。上主之子的救恩有賴於你，原因也在於此。他是因著你的生命真相而得救的。

上主之子之所以因我的**真相**而得救，只因上主之子**就是**我的真相。我若是愛的造化，那麼，整個聖子奧體也必然是愛的造化，因為存在的只有「一個愛」（Love is one）。為此，每當我憶起自己的生命真相時，也等於為所有人恢復了這一記憶。此刻，大家無妨回想《三劍客》〔譯註〕裡面那一句名聞遐邇的誓言：我為人人，人人為我（One for all and all for one）。

〔譯註〕為《基度山恩仇記》的作者大仲馬（1802~1870）另一部膾炙人口的小說，出版於1844年，在東西方影史上，多次被拍成電影、電視劇、卡通片。

(1:6) **我們今天要卯盡全力深入這一真相，讓你充分意識到它真實不虛，即使只是瞬間的領悟也好。**

上面這句「即使只是瞬間的領悟也好」，耶穌好似跟我們說：「不必好高騖遠，只要今天有**一刻**想到『你就是愛』，我們就算達到目標了。」言下之意，想要接受生命真相，必須**一步一步來**，因此，否認幻相也一樣要**一步一步來**，才能把小我充滿罪咎的虛假自我概念慢慢修正過來，恢復「愛把我創造得猶如它自身一樣」的記憶。不過，話說回來，就《奇蹟課程》的長程目標而言，當然是要我們「隨時隨地」覺於這一真相，而不僅止於一個瞬間。

(2:1~7) **在「長式」練習中，我們將反省一下你的生命真相，以及它絲毫未變而且千古不易的存在本質。開始時，我們先複誦一下你的這個真相，再花一兩分鐘的時間增添幾個相關的想法，例如：**

神聖本質將我創造為神聖的。

仁慈本質將我創造為仁慈的。

利生本質將我創造為利益眾生的。

完美本質將我創造為完美的。

凡是符合上主本體的屬性，都適用於我們身上。

實在是用心良苦，耶穌如此不斷強調我們的本來真相；這個真相正是他一直要我們把幻相帶入之處。耶穌當然知道我們很難相信自己的真相，倘若我們真的相信，也就不需要〈練習手冊〉，《奇蹟課程》更沒有存在的必要了。為此，耶穌竭盡所能，為我們把這一記憶固守在我們的正念之中。**問題是**，我們經常忘了自己還有正念這一面，因此他才不斷耳提面命，並且親自帶領我們步上這一旅程。

(2:8) **我們今天將試著解除你自己對上主的界定，而代之以祂自己的定義。**

耶穌不只為我們解釋我們的生命真相，而且不斷提醒我們生命的本質。不僅如此，他還為我們指出憶起這一真相的途徑，就是我們得先解除自己打造的種種假相。好比說，小我的神明是二元性的，意味著這位神明創造出來的人必然也是二元的：有善良的一面，也有邪惡的一面；有時純真無比，有時罪孽深重。我們只要把這樣的觀念帶到耶穌的定義中，小我二元性的神明就被一體性的上主所取代了，最後剩下的，唯獨純潔無罪的大愛。

(2:9) **還會進一步強調：你屬於祂自我界定的一部分。**

耶穌來回穿梭於兩種自我概念之間，只因這正是我們的處境——恐懼迫使我們藏身於小我的分裂思想體系內，而這一選擇所導致的痛苦又催促著我們返回天鄉。我們就這樣在恐懼和愛之間擺盪著，直到有一天，我們決心接受救贖，所有的教誨便告終了，從此消融於「把我創造得猶如它自身一樣」的大愛之中。

(3:1~2) **當你練完幾個相關的想法之後，試著用片刻的功夫放下所有的雜念，再努力越過你所有的自我形象及先入為主的自我概念，直搗那藏在你心底的真相。愛既已將你創造得像它自身一樣，那麼愛的本體必然也存於你內。**

相信大家對這個觀念已經耳熟能詳了：在憶起自己的真相以前，必須先意識到小我所說的另一套才行。這趟由陰森幻相通往光明真相的旅程，每一個人都得經歷過；而耶穌當仁不讓地充當嚮導，帶領我們穿越小我幻相的濃密雲層。

(3:3) **它就在你心內某處等著你去發掘。**

那一真相（即上主之愛）「就在某處等著我們去發掘」。再說一遍，凡要通往真理之路，必得先跨過我們的「形象和成見」，這表示我們必須對它們一清二楚才行。這就是何以在操練每日一課時，我們必須隨時警覺自己的小我在玩什麼把戲；若想在所有的人生境遇及關係中活出奇蹟原則，更少不了這一份念茲在茲的儆醒。我們不必擔心耶穌在做什麼，管好自己的小我才是當務之急。如果我們真能與耶穌一起正視自己先入為主的形象和概念，自然不會老想證明自己是對的，如此，我們也才會更加看重真理實相。總歸一句，我們終究會**找到**自己真心**想找**的東西；只要去找，一定會如願以償的，因為「它就在某處等著（我們）去發掘」。

(4) **也許你需要複誦幾遍今天的觀念，才抵制得了分心的雜念。也許你感到這還不夠，還需要加入幾個與你的真相有關的意念。也許你能順利地越過那些雜念，在無念的片刻中，頓時晤見那耀眼的光明，而且在那光明中認出了愛為你創造的本來面目。不論你感到自己練得成功與否，請相信你今天必已朝著那一覺知邁進了一大步。**

容我再叮嚀一次，切莫將這類提示當作新時代的「肯定語」，因為一味複誦正面光明的話語，反而會覆蓋了小我的負面念頭，隨之，我們便更難化解它們了。《奇蹟課程》的**化解**之道，是要我們好好**正視**小我，這是跨越黑暗邁向光明的先修課程。為此，我們會不時看到耶穌這類提醒，他要我們把「無念」〔譯註〕的混沌帶向光明，因為那種無念其實是小我的包藏禍心，企圖以虛幻之念將我們導向歧途。總之，如果意識不到自己與虛妄或無記之念的認同有多深，我們是不可能覺醒於光明燦爛的真實之念的。

這段話的最後一句，耶穌表達了他對我們的信心，相信我們懷有與他一起穿越的願心，即使一路上仍會生出種種抵制，也無大礙的。

(5:1~2) **今天盡量抽空反覆練習這個觀念，你會獲益匪淺。你**

〔譯註〕無念，近似佛教的「無記」。佛教將一切的事物及現象分為「善、不善、無記」等三性，無記即「非善非不善」，因其不能記為善或惡，故稱無記。

需要聽到自己的真相，而且愈常聽到愈好，因為你的心一直籠罩在錯誤的自我形象之下。

短短幾句話，就把分裂心靈的兩面作了最清晰的對照，這正是《奇蹟課程》最基本的理念。具體來說，我們必須清楚地意識到自己受制於錯誤的自我形象或自我概念到什麼程度，比如說，我是對的、我很神聖因為我是對的、我是獨立而個別的生命、我很特殊、我知道什麼對我最有益，諸如此類的自我形象及自我概念。我們必須對它們有所覺察，否則永遠不會知道自己還有另一種選擇。特別在〈練習手冊〉，耶穌好似反覆叮嚀：「我之所以一再提醒你的生命真相，就是讓你看到，在基督的光明自性以及你自己打造的醜陋贗品之間，你是有選擇的。」是的，我們在兩種互不相容的自我概念之間是有選擇的，而且我們就是靠這一覺知而作出最後的選擇，這一選擇便**成了**我們的結局。綜結而言，這部課程的使命所在，就是要幫助我們恢復這一覺知。

(5:3~4) **最好一小時能複誦四、五遍，多多益善；隨時提醒自己：愛已將你創造得猶如它自身一樣，這對你極有幫助。由這句話聽出自己的真相吧！**

請看，耶穌在此再次加碼了，不只要我們經常想起今天的主題，最好一小時能想到四、五次，等於每十二分鐘或十五分鐘就得念想一次。耶穌並不指望我們整天都盯在這一真理上，因他很清楚，我們當初逃離真理之境而進入虛幻的時空世界，目的就是迴避天堂的永恆真理。縱然如此，他還是期待我們踏實試一試。凡是真心試過的人，不難體會到，原來自己多麼不想記起那一真相。耶穌三番兩次告訴我們，看清自己的抵制心態，必會讓我們的修行百尺竿頭更進一步。試想一下，如果我們根本不知道自己有問題，而且還不自覺地抓著問題不放，問題豈有修正的可能？

(6) 在「短式」練習中，試著體會出，告訴你這真相的，絕不是你那微弱而孤立的聲音。這是聖靈之聲在提醒你有關天父及你自性的真相。這是真理之音，它以上主之子的單純真相取代了小我所告訴你的一切。愛已將你創造得猶如它自身一樣。

除非我們把小我的整套思維交到聖靈手中，否則聖靈根本沒有機會用祂的真理來取代小我的那一套。這就是為什麼我**一而再、再而三**呼籲，做這些練習時，要對自己的小我保持最高的警覺。我們真的需要與耶穌結伴同行，藉著他的光明來驅散內在的陰暗，才可能憶起自己的真相——「愛把我創造得猶如它自身一樣」。

第六十八課

愛內沒有怨尤

我先前已經提過，〈練習手冊〉經常會有好幾課環繞著某一主題不斷延伸，反覆鋪陳。比如本課和下面的幾課，討論的重點即環繞在「攻擊的目的」這個主題。小我為了保住自己的個體價值，不惜透過怨尤與判斷而拒上主聖愛於千里之外。雖然〈練習手冊〉不曾提到「特殊關係」，實則耶穌在此所說的攻擊和怨尤，都是根據特殊之恨的**原理**運作的。

(1:1~2)被愛創造得猶如它自身一樣的你，不可能心懷怨尤還能知道自己的真相。放不下怨尤，表示你已忘卻了自己是誰。

短短幾句已足夠一針見血，明白指出我們抓著怨尤不放的根本原因。簡言之，小我整套思想體系只有一個目的，就是確保我們認不出自己的真實自性，忘卻生命的本來真相。聖靈則代表救贖原則，我們若能不聽小我之聲，轉而向聖靈請益，祂必會幫我們憶起自己原是基督這一終極身分，也就是與天父完美一體的唯一聖子。因此，只要轉向聖靈，我們便會自然而然恢復這一記憶。反之，上主之子既然屬於圓滿的一體生命，而這聖子的終極身分又是聖愛，我們若不想意識到這一真實身分，最容易下手的辦法，就是去凸顯聖子奧體內彼此的不同，而最大的利器莫過於攻擊、怨尤或判斷了。只因這些舉動等於向對方表明，他是個「外人」，一個百分百的異類。就這樣，我們驅逐了愛而迎進了特殊關係，從此，上主之愛再也無法在我們心中找到立足之地了。

這就是小我最終的目的——把愛由我們心中驅逐出去。難怪世間絕大多數的人都難以與人建立真實的友誼，更遑論親密關係或神聖關係了。在神聖關係中，既沒有隔閡或界線，也不存在任何特殊的利益、特殊的需求，或特殊的期待，它所經驗到的，只可能是共享同一目的的一體生命。也因此，如果我們害怕這個全然反映出生命實相的一體生命，我們一定會無所不用其極地抵制或排斥它。本課及接連的幾課，耶穌特別為我們點出，攻擊與怨尤是如何完成小我這番「大志」的。

(1:3) **放不下怨尤，表示你已把自己視為一具身體。**

如果我們充分明白身體乃是分裂之念所造就的形式，上面這句話便不證自明了。我們一旦把身體當真，身體的源頭（也就是天人分裂之念）必會顯得真實無比。耶穌在後面第一百六十一課提到我們天生就有一種「具體化」的傾向：如果我心中有恨，這個恨必定會找到一個有形的對象。也就是說，倘若我恨某個有形之人，就表示我自己也是一具身體。這種居心用意，企圖守住對身體的認同，才是所有攻擊之念或抓著怨尤不放背後真正的動力。

(1:4) **放不下怨尤，表示你讓小我掌控了自己的心靈，並為身體宣判了死刑。**

在我的意識中，我也許認為自己所攻擊而且欲置之於死地的是對方的身體，但是，既然「觀念離不開它的源頭」，所以實際上我是在定自己的死罪。一旦將小我的分裂思維當真，它那整套運作體系就被我弄假成真了。準此而言，罪咎懼之思想體系推衍到極致，便是死亡，從此，死亡成了人類的宿命。

(1:5) **你也許尚未充分意識到，放不下怨尤對你心靈的傷害。**

每當我們發怒、心生不悅，或開始判斷，這種時候，我們往往意識不到它們的後遺症。對此，可以說，《奇蹟課程》的宗旨就是要我們看到怨尤所帶來的嚴重後果。別忘了，整部課程不時都在提醒我們因和果之間的關係。怨尤的心態可說是「因」，苦難則是它的「果」。只要我們意識不到自己的攻擊之念和痛苦之果兩者之間的因果聯繫，我們就不可能真心放下怨尤。耶穌這位老師的「重責大任」，就是讓我們切身意識到心懷怨尤的嚴重後果。誠如下文所言：

(1:6) **它好似硬生生地將你由生命根源那兒劈了出去，使你不再**

肖似於祂。

請注意，耶穌在此用的是「好似」一詞：放不下怨尤，就「好似將你劈了出去」，只因在實相境界根本沒有分裂這一回事，唯有在噩夢裡，那些憤怒的表相不僅讓我自己跟憤怒的對象決裂，同時也跟上主決裂了。又因為分裂心靈的每一部分屬於同一生命，即使我認為自己只對這人下手，其他人也同樣會遭殃的。下面這一段要我們寬恕弟兄的話，一語道出了「一體」的深意：

> 他是天父的代表，而你卻把天父視為賜你生命也賜你死亡的神明。
>
> 我的弟兄！天父只可能賜給你生命。你在夢中看到弟兄給你什麼，那便成了天父對你的恩賜。（T-27.VII.15:7~16:2）

為此，我們才說，不論我們是否寬恕了某位弟兄，上主同時都站在那一位及每一位弟兄的背後，既無分別，也無例外。

(1:7) **為此，你認為自己是什麼，就會相信祂也成了什麼，因為沒有一個人不把他的造物主想成像自己一樣的。**

這個觀念極其重要，我們馬上會在第七十二課看到進一步的闡述。耶穌要說的是，如果我相信自己發動了攻擊（而所有攻擊的原始初衷都是針對上主而發的），我自然會把這一念投射到上主身上，而且相信祂必會伺機反擊。我若企圖將自慼罪孽深重的那一部分切割出去，也一定會把那一部分的我投射到外面另一人身上。為此，外面那個人不過代表了我想藉著否認來驅逐的那個念頭而已，純粹是我心目中自我形象的翻版。既然**觀念離不開它的源頭**，我的攻擊與罪咎之念必然仍在自己心內，但我卻絲毫意識不到，因為我自以為已經利用投射除掉了它，才會在別人身上看到罪咎的影子。經過這一大周折，我們不僅跟自己分裂了，還處處造成人我的分裂，簡直大快小我之心。〈正文〉有兩段話把這一曲折內幕描寫得淋漓盡致：

> 你投射出去的正是你拒絕接納之物，你自然不會相信它原是你的一部分。你一判斷你與自己投射之物有所不同，你便成了他的「身外」之物。因著你對自己的投射的排斥，你會不斷加以攻擊，因為你存心與它保持分裂狀態。這種反應都是下意識的，它蓄意不讓你覺察出你其實是在打擊自己，卻異想天開，以為是在保護自己。

> 你的投射所傷害到的一定是你。它使你更加仰賴自己分化的心靈；……投射與攻擊其實是一丘之貉，因為小我一向是用投射來為自己的攻擊行為辯護。沒有投射，憤怒便無從生起。小我利用投射，純粹是為了破壞你對自己及弟兄的看法。它的陰謀是這樣得逞的：先把你無法接受的某一部分剔除於自身之外，最後

又把你剔除於弟兄之外，這是遲早的事。（T-6.II.2; 3:1~2,5~8）

這番話再度提醒我們，切莫忘記《課程》的基本形上理念——外面沒有別人。如果外面空無一人，就表示整個世界都是由我的自我認定所投射而成的，我在外面看到的一切，無一不是出自於我，乃至於出現在我夢中的所有角色、事件、地點或種種象徵，都可說是這個我的分身，代表著我整個人格的不同部分，只不過夢中的一切全都顯現為外在的人事物罷了。其實，我們醒時所作的這個人生大夢也是同一回事。

準此而言，我們不可能在任何人身上看到與自己不同的東西，因為不論是上主、耶穌、聖靈，或現實生活裡的凡夫俗子，全都是我按照自己的樣子打造出來的。為此，我若把自己視為你身外之人，不只會把分裂弄假成真，還會把我與上主的分裂弄得更為真實。這正是我自知罪孽深重的根本原因，因為這個罪一旦投射出去，上主在我眼中必也成了罪人。這樣的上主就是我們在《聖經》所認識而且「深愛」的那位上主，不消說，這種上主純粹是根據我們的形象打造出來的，所以祂才會像我們一樣瘋狂，舉手投足，在在都透露出我們最愛的特殊性。根據投射法則，這是必然的結果。

(2:1) 你一旦背棄了你的自性，那依舊意識到自己肖似造物主的自性就好似昏睡過去了，而那在睡夢裡編織幻境的另一部分心靈，則會裝出一副清醒的模樣。

此刻，耶穌又為我們作了一個巧妙的對比：基督的意象其實是醒著的，**看起來**卻似昏睡過去；而小我那一部分**其實**早已睡著了，卻在夢中忙著編織自己的人生。也就是說，由於「背棄了自性」，這個分裂的我看起來好似醒著，只因我們真的認為自己活在這個世界。然而真相是，自性（基督）是不可能睡著的，只是狀似睡著了，沉睡在我們的心底，被小我罪咎與攻擊的思想體系嚴密看管著。

(2:2~5) **這一切真的都是因為你心懷怨尤而引起的嗎？一點也沒錯！因為放不下怨尤的人，已否認了自己是出自愛的創造，在他充滿怨恨的夢中，造物主顯得可怕萬分。有誰會夢到怨恨而不害怕上主的呢？**

這段說的正是小我的「罪、咎、懼」三部曲：我相信自己已經與上主分裂了（罪），這個滔天大罪令我驚恐萬分（咎），我又將這個咎投射到上主身上，看到祂（以及世間每個可能象徵上主義怒的人）想盡辦法要奪回我從祂那兒偷來的生命（懼）。一點也沒錯，只要我們還對任何人心懷怨尤，內心深處不可能不相信自己必遭天譴的。正因如此，耶穌要我們徹底看清罪咎懼的互動關係，他絕不樂見我們為自己的攻擊之念而內疚不已。他不僅希望我們意識到自己選擇攻擊之念背後的原因，以及這一決定所導致的後果，他還要我們明白，如果我們認定此生的任務就是透過攻擊他人來消除自己的罪惡感，我們是永遠感受不到幸福的。為此，他才會一再強調我們的任務與幸福是同一回事。是的，我們的任務就是放掉自己的怨尤而選擇寬恕，讓聖靈的聖愛之念有機會出頭，這才是唯一能讓我們真正幸福的途徑。相對的，「不寬恕」和「懼怕上主」兩者之間，也一樣密不可分，它們的關聯性，在〈正文〉論及平安的最後一個障礙時，說得最為精闢：

> 除非你已全面的寬恕，否則你仍屬於不寬恕的一群。你害怕上主，只因你害怕自己的弟兄。凡是你無法寬恕的人，你不可能不怕他的。你若與恐懼為伍，自然不可能經驗到愛。（T-19.IV.四.11:4~7）

我們只需翻讀耶穌提過多少次「不寬恕與恐懼」之間的因果關係，就不難體會出這個觀念的重要性。類似的提醒，還會不斷出現於〈練習手冊〉接下來的課文。

(3:1) **凡是心懷怨尤的人，必會按照自己的模樣來界定上主；一如上主會照自己的肖像創造人，且把他們界定成如同祂自身一樣。**

請看，真理如是說：「上主和聖子的相似性只存於聖愛與圓滿一體之境。」然而，小我卻說：「上主和聖子的相似性存在於罪咎及徹底的分裂之境。」現在，無妨把伏爾泰那句家喻戶曉的名言套用在這兒，可以說意趣十足、耐人尋味：

> 上主按照自己的肖像造了人類；人類以其道還造其「神」地回敬了祂。

(3:2) **心懷怨尤的人，必會受盡罪咎的折磨；一如懂得寬恕的人，必然獲享平安，是同樣的道理。**

各位回想一下，《奇蹟課程》不知說了多少次，我們的痛苦與人間的苦難全都出於一個「咎」字，絕無例外。這個觀念，最具代表性的莫過於〈正文〉下面這一段話，我再引用一次：

> 世界似乎未經你同意或邀請就把一切強加於你，你始終想不透原因何在。但你十分肯定，在那些使你痛不欲生的各種原因當中，你從不把自己的罪咎計算在內。你也十分確定，那一切痛苦不可能是你自己求來的。整個幻相世界就是這樣形成的。製造幻相的人看不出那是自己打造的，也看不出那些幻相是藉著他自己才維繫下去的。幻相的起因不論是什麼，一概與他無關，他所見到的外界與他內心的想法是兩回事。他絲毫不懷疑夢境的真實性，由於他根本看不見自己是夢境的製作者，夢境對他才會顯得如此真實。（T-27.VII.7:3~9）

可以確定的，幫我們的罪咎定錨扎根的，正是攻擊之念。因此我們可以總結一句：出自罪咎的攻擊之念乃是導致我們不幸與痛苦的元兇。然而，除非我們對這句話有深刻的體會，否則我們是不會甘心放下攻擊而選擇寬恕的；也唯有如此，我們才可能找到自己歷盡滄桑所要追求的平安。

(3:3) 心懷怨尤的人，必會忘卻自己是誰；正如懂得寬恕的人，必會憶起自己的真相，是同樣的道理。

耶穌再次提醒我們，抓著怨尤不放背後的企圖，就是存心遺忘自己的真相。無可否認的，我們的確想忘掉這個真相，只因這個記憶中的生命真相完全沒有我們所熟悉的特殊性、獨特價值，以及個體性。幫我們抹去這一記憶的，正是咎；只要我們還緊抓著自己投射到別人身上的怨尤不放，那個痛苦便成了罪咎的護身符。

(4:1~2) 如果你相信這一事實，還會不甘放下自己的怨尤嗎？也許你認為自己無法放下這個怨尤。

小我不斷警告我們《奇蹟課程》太難修了，恐懼實在太深了，根本壓制不了內心充滿敵意的判斷，以至於我們絲毫不敢指望自己真的能改變。此刻，不妨回想一下先前的一段引文（T-31.I.5），耶穌如何溫柔地訓誡我們，因為我們竟然認為自己的心靈沒有足夠的能力來學習這部課程以及操練寬恕。

(4:3) 其實，這純粹看你的動機如何。

「**動機**」一詞，可說是《奇蹟課程》的一個重要觀念。在這趟返鄉的旅程中，我們必須時時意識到內心不可告人的企圖：「我根本不想從夢中覺醒返回天鄉，我也不甘心放下自己的怨尤。」這才是我們深藏不露的動機。除非覺察到它，我們豈有機會將它改寫？也因此，坦白承認「自己並不想由夢中覺醒」這一私心，是如此的重要。一個人如果夠誠實，就會發現自己其實很想逗留在人間，只要能夠快活一點就心滿意足了。難怪我們老是曲解《奇蹟課程》，始終在為小我撐腰而不自知。耶穌在〈正文〉中懇求我們對他誠實一點，意思就是對自己誠實一點。下面這兩段話雖然前面引用過了，仍值得我們一讀再讀。

> 你不妨仔細看看自己究竟在求什麼？你在這事上必須對自己非常誠實，我們之間不能有任何隱瞞。（T-4.III.8:1~2）

> 不妨捫心自問一下，你有多少想法是上主想都想不到的，又有多少念頭是上主願你想而你不願去想的？誠實地反省一下自己所做的一切，以及自己該做而未做的一切；然後，改變你的心念，試著以上主的心態去想。這看起來似乎很難，其實這種想法遠比逆向思維容易多了。（T-4.IV.2:4~6）

耶穌一心一意讓我們明白，我們那些反其道而行的努力絕不會帶來幸福的。人間任何的特殊關係，也只會提供短暫的快慰，卻不可能帶來上主的平安。唯有寬恕，具此大能；唯有誠實，會讓自己與耶穌同心，帶來真正幸福的結局。

(4:4~5) 今天我們就要讓你經驗一下沒有怨尤的感受。只要讓你嚐到一點兒成功的滋味，此後動機就不成問題了。

確實如此，唯有允許耶穌進入自己心中，也就是允許自己進入**他的**心中，才會了知上主的平安是什麼。縱然我們仍會忍不住把他擋在門外，但內心總有一部分猶然記得自己與他同在時的深沉幸福感。然而，除非徹底放下攻擊、判斷，以及特殊性的念頭，我們才可能享有真正的幸福。只要我們有心聆聽，就會聽到耶穌這番勸勉——他會反覆耐心地重述，直到我們能夠親自說出這一番話為止：

> 你若不以評判的心態對待自己及你的弟兄，那種如釋重負的平安絕對超乎你的想像。（T-3.VI.3:1）

(5:1) **在今天的「長式」練習中，先搜尋一下你對某些人耿耿於懷的怨尤。**

這類的練習型態已經在〈練習手冊〉多次出現了，這兒又是一個最好的實例。耶穌要我們誠實操練，好好正視自己仍然感到怨尤之人。不消說，「正視」的目的是為了「放下」。唯有正視這些怨尤**帶給自己**的痛苦，我們才會甘心釋放這些弟兄；如此一來，我們也同時釋放了自己。

(5:2~3) **有些不費吹灰之力即可尋得。接著想一想，你對自己喜歡甚至心愛的人所懷的小小芥蒂。**

耶穌同時點出「特殊之恨」與「特殊之愛」。也就是說，要找出自己心裡對某人的憤怒並非難事，然而，更重要的是，認出躲在「特殊之愛」背後那些微妙的情緒。這句話等於重申了第二十一課「憤怒沒有大小之分」的觀念，針對這點，〈教師指南〉還有更深的闡述：

> 即使只是輕微的不悅，輕微得令人難以覺察。即使你已怒火中燒，生出了暴力的念頭，不論你只是在腦海裡遐想或具體付諸行動。這一切都無關緊要。所有的情緒反應全是同一回事。它們只是企圖蒙蔽真相而已，這與你情緒的強弱無關。真相對你若非歷歷在目，就是隱晦不明。你不可能只認出部分的真相。你若看不到真相，表示你已經落入幻相了。（M-17.4:4~11）

任何一物、任何念頭，乃至於任何情緒，無論外表看來嚴重與否，只要不是出於上主的，全都同等虛幻。

(5:4~5) **你馬上會發現，世間沒有一個人你不心存某種芥蒂或怨尤的。讓你看出自己在整個宇宙中是如此的孤單。**

老實說，沒有人會喜歡聽到這幾句話的。然而，如果聖子奧體真的是同一個生命，耶穌這一番話必然真實不虛。試想，要是世界真的是按照自我憎恨的形象打造出來的，縱然我把它投射為上億個碎片，我裡面一定有一部分是痛恨所有人的。如果你認為自己心裡沒有這種恨，只需想像一下，每當心愛之人所言所行不合自己心意時，你會有什麼反應？感受一下那種失望或不悅的心情，說穿了，那不過是遮掩極度憤怒的一層面紗而已。

只要我還戀戀不捨這類自我攻擊的念頭，而且始終認定此生的目標就是追求自我價值，我們是不可能以愛的眼光去看待**任何人**的，所以才說，覺察這些隱微的怨尤是如此的重要。

聖子奧體既然是一個生命，如果我聲稱自己雖然對許多人心懷怨尤，唯獨對某人情有獨鍾，那麼不妨回想一下，當你所愛的人做出或說出有違你心意的事時，自己所感到的憤怒、不悅、傷害與失望。要知道，這種經驗所帶來最終的不幸後果，便是「讓你看出自己在整個宇宙中是如此的孤單」。請記得，小我就是從這兒起家的。讓我們來重新回溯一下：由於我們認定自己已經謀殺了上主，毀掉了自性，才會孤孤單單地淪落到這個四分五裂的宇宙。問題是，我們並不想為這種存在處境負責，只好將這個分裂之念投射為上億人口的宇宙，其中有一大群我愛的人及我恨的人，這樣，我就不孤單（alone），也不孤立（separate）了。然而真相是，我們心靈深處始終是孤單而又孤立的，只因為「我幹了那傷天害理之事，如今落得舉目無親」這個原始妄念從未離開過它的源頭。

為了掩蓋那種孤立感所衍生的焦慮，我們開始打造「特殊性」來自我安慰——「我恨這群人，但我並不孤單，因為還有另一群人跟我臭味相投」，或是「只要跟我的至愛在一起，我就不孤獨了」。事實上，從特殊之愛和特殊之恨的「目的」來看，兩者根本是同一回事；也只有從這個角度，我們才能真正看透夢境是怎麼一回事。縱然**形式**大不相同，但在**內涵**上，卻是千篇一律的分裂與罪咎。

(6:1~3) **此刻，就下定決心把所有的人都視為朋友吧！一一想起他們，並對他們全體說：**

> **我要把你視為我的朋友，使我得以憶起你原是我的一部分，我才可能得知自己的真相。**

現在，我們又回到「一體性」這個關鍵主題了。耶穌毫不諱言我們會面臨相當大的挑戰，所以才鼓勵我們踏踏實實地**操練**，看清自己認為「有一群人值得去愛，另一群人值得去恨」的想法，原來是多麼瘋狂。當然，在形式層次，我們不可能和世間每個人同居共處，我們只會跟某一小群人（也就是帶給自己人生功課的人）共度此生；然而，在**心靈的層次**，我們絕不可剔除任何一人在外。好好回想一下，當我們找到自己所愛的人（正因為他們滿足了自己的特殊需求），這種時候，我們是否特別容易用這段新關係作為衡量的標準，拿來批判過去「辜負」自己的人？我們可能會說「我從沒見過像你這樣的人」、「從來沒有一個人待我如此仁慈」、「在你之前，沒有一個人真正關心我、真正了解過我」……，請當心，只要這種念頭一起，如果不立即提高警覺，我們當下就已經把耶穌無所不包的愛拋到九霄雲外了。

(6:4~9) **剩餘的練習時間，試著想像一下自己與一切人、一切**

事和諧共處；你在一個愛你、呵護著你、而你也以愛回報的世界中，活得高枕無憂。試著感受一下那環繞著你、呵護著你、且支撐著你的安全感。試著相信沒有任何東西傷害得了你，即使只是瞬間的工夫也好。練習結束時，記得對自己說：

> **愛內沒有怨尤。只要放下所有的怨尤，我就會知道我是絕對安全的。**

耶穌如此溫柔耐煩地教導我們，要我們在不安全的處境中感受一下真正的安全所在。他深知我們目前的能耐十分有限，所以說「即使只是瞬間的工夫也好」。然而，他仍期待我們慢慢熟悉自己內心的分裂狀態，也就是並存著充滿危機感的小我思想體系，以及安全篤定的聖靈的修正。唯有如此看清，心靈才有發揮的餘地，把不安全的帶到安全中，把黑暗帶入光明，把怨尤帶到愛裡。

(7)**「短式」練習可將今天的觀念運用於你對任何人產生怨尤之際，不論他是否在你眼前，都不妨以下面的形式即刻發揮大用：**

> **愛內沒有怨尤。願我不再違背我的自性。**

此外，每小時再以下列的方式複誦幾遍今天的觀點：

> **愛內沒有怨尤。只要我能放下所有的怨尤，我就會覺醒於我的自性，覺醒於上主。**

耶穌依舊不厭其煩地叮囑我們，務必警覺小我的把戲，如此，我們才有機會以他溫柔慈愛的眼神去看待那些怨尤，它們必會因此銷聲匿跡的。容我再次引用耶穌先前的反問：「在聖愛的呵護下，還有誰會在怨尤與寬恕之間舉棋不定？」

第六十九課

我的怨尤遮蔽了我內在的世界之光

(1:1)沒有人能看得見隱藏在你怨尤之下的東西。

這句話點出了本課的宗旨。「世界之光」指的是臨在我們心內的聖靈，上主聖愛的記憶，也正是我們費盡心機想要遺忘的。耶穌在第一百三十六課提到「雙重的遺忘」，雖然是針對「疾病」而說的，但也可以完全套用在「攻擊」這個主題，因為兩者的運作法則完全相同。我們存心遮蔽的世界之光（也就是自己原是基督自性這個記憶），正渴望著我們再度選擇憶起它來。第一道遮擋的屏障就是罪咎，亦即自我憎恨。當我們把心內的罪咎投射到外在形體，同時還發動攻擊，這時，第二道屏障就應聲而起了。絕無例外的，攻擊自己導致疾病，攻擊別人則帶來憤怒。為此，我們如果放不下內心的怨尤，其實是想要說：「該感到內疚的是你，而不是我！」第二道屏障原想為我們抵擋罪咎之苦，結果反倒把愛阻擋在外邊了。

(1:2) 因為你的怨尤遮蔽了你內在的世界之光，使得你身邊的人與你一起陷入了黑暗。

請銘記在心，聖子奧體只有一個。也因此，我若牽起耶穌的手，活在他的光明中，整個聖子奧體都跟我一起享受光明；一旦放掉他的手，我的心靈立即落回黑暗，飽受罪咎之苦，又因著我如此精神錯亂，聖子奧體也跟我一起陷入了黑暗。

(1:3~5) 然而，只要你一揭去那怨尤的面紗，你就和他們一起解脫了。現在，就與那些同陷地獄的夥伴分享你的救恩吧！在世界之光內，他原是你的弟兄，你們會在光中一起得救。

「揭去面紗」（其實就是寬恕或奇蹟的真諦），和對方接不接受、相不相信，甚至帶著什麼眼光，一點關係都沒有，而只和我們內心想作什麼樣的夢有關。「我們」的心內始終只有兩種東西，若非天堂之念，就是地獄之念（這兒的「我們」指的是上主的唯一聖子）。

(2) 今天讓我們再下一點真功夫，深入你內在的光明。在我們開始「長式」練習之前，先花幾分鐘的時間想一想我們即將練習的觀念。此刻我們真心地尋求世界的救恩。我們正在努力看穿那遮蔽救恩的黑色面紗。我們正設法掀起那片面紗，目睹上主之子的淚水在陽光下消散。

在此之前，我們必須清楚了悟「自己是多麼**不想**做此練習」，因為一旦進入基督的光明，我的個體性便從此失落了，這正是我們最害怕的。我們對《奇蹟課程》（尤其是這類練習）的抵制心態，就是發源於此。

下面這張圖表描繪了耶穌在本課及下一課的重點。核心圓代表他馬上就會提到的光明之圈。這個核心圓，在這兩課即是指正念之心。耶穌緊接著解釋，圈內含有真實自性的倒影，因為真實自性不可能存在幻境裡，但我們仍會設法用一團烏雲來覆蓋真理的倒影；烏雲則代表現實生活中的種種經驗，我們相信自己是一具身體，活在烏雲裡。耶穌在圖中所說的「你」，加上了引號，因為那不是真正的**你**。「抉擇者」也加上了引號，理由一樣，抉擇者只可能存在於心靈的層次。

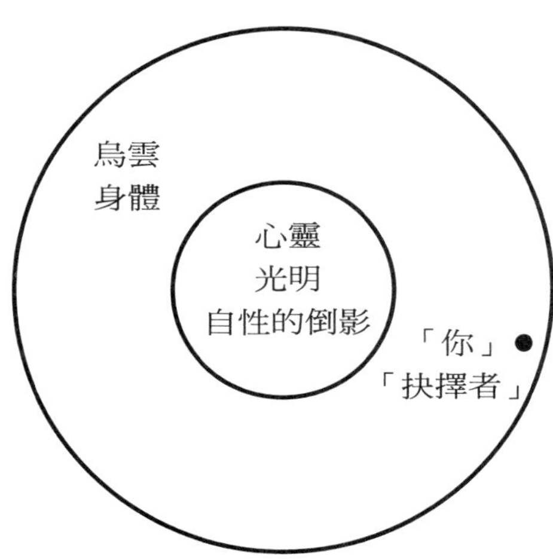

我們堅信自己生活在這一團烏雲裡，難怪什麼也看不到。活在烏雲裡的人，必然看不到陽光，就像在陰天飛行，飛機得飛越雲層之上才會看到陽光。耶穌在〈正文〉也曾藉著「烏雲掩蓋罪咎」的意象，教導我們看透烏雲，徹悟「所知所見皆是虛幻」。以下無比生動的兩段，我再完整地引述一遍：

> 然而，你不難在這團烏雲中看到整個世界的生起。堅實的山巒、湖泊、城市，有如海市蜃樓浮現在你的想像中；而你根據自己的知見所派出的信使，又會從烏雲那兒回來向你擔保那個世界真實無比。芸芸眾生不只影像鮮明，行動舉止都活靈活現；他們的外型變化萬千，有時可愛，有時古怪。只要你還熱中扮家家酒的遊戲，他們就會輪番登場表演給你看。不論你想在世界裡玩多久，加入多少自己的幻想，請你不要把這世界跟隱身其下的真實世界混為一談，更別企圖把它弄假成真了。
>
> 你也應當這樣看待罪咎那團烏雲，一眼看穿它的假相，不再把它當成真人實物。你若穿越過去，才不會撞得鼻青臉腫。你內的「嚮導」領你穿越之際，必會同時教你看出烏雲的空無，因為一個光明世界就在它的下面，烏雲無法在那世界投射任何陰影。那些陰影只會投在烏雲上端的世界，因為它與光明仍有相當的距離。但它是無法侵入從烏雲到光明之間那塊地方

的。（T-18.IX.7~8）

只要穿越得了雲層，便會看到太陽和它的光芒。但即使烏雲遮蔽了我們的視線，太陽也不會失去它的光輝的。耶穌顯然在說，縱使我們仍然相信罪和咎，也絲毫影響不了我們的自性之愛。這又讓我想起這句感人至極的話語：「你連天堂之歌的一個音符都不曾錯過。」（T-26.V.5:4）

(3) 今天在開始「長式」練習之初，先全面肯定這一事實，下定決心去追求我們的心愛之物。救恩是我們唯一的需求。此外我們沒有其他目標，也沒有其他任務等待我們完成。學習得救之道是我們唯一的目的。今天就讓我們找出內心的光明，結束那千古的追尋，並將光明高舉，供所有追尋者與我們一起舉目共賞而歡躍不已。

耶穌繼續為我們打氣，要我們放下徒勞無功的「千古追尋」，好好記住今生來到世間走一遭的**目的**何在。就在我們遠離黑暗而選擇光明的這一刻，自己已經成了人間的一記醒鐘，鼓舞別人作出同一選擇。

(4) 現在，靜下心來，閉起你的眼睛，試著放下平素常縈繞腦海的心事。把你的心靈想成一個很大的圓圈，被裹在一層濃密的雲層中。你所能看到的只是團團烏雲，因為你好似站在圓圈之外的某一點上。

耶穌在此所說的「你」，也是我在圖表中加上引號的

「你」。耶穌要我們放下的烏雲，包含了過去的怨尤、現在的特殊念頭，以及未來的恐懼，每一樣都與身體密切交關。一旦身陷烏雲裡，自然只能看見團團的烏雲；站在光明圈外的我們，也只會感到那光明離自己很遙遠。藉著這個譬喻，可以說，整個宇宙裡最濃密的一道屏障，即是深埋在我們心中的罪咎，一旦與它認同，就不可能不透過它的眼睛去「看」一切。各位應該還記得，人類打造眼睛的真正目的，就是「不想看見」，這正是我們看不到光明之圈的原因所在。縱然這光明不只籠罩著我們，甚至就在自己**心裡**，我們卻始終視若無睹。

(5:1) 從你立足之處看去，你沒有理由相信烏雲內會藏有燦爛的光明。

耶穌換個說法繼續發揮前一段的要旨。我們的所知所見都離不開自己的個體性與特殊性，那些在我們心目中才是最踏實的東西。由於肉眼只能看見形體的世界，同時，普天之下幾乎人人都認同這一瘋狂之見，我們自然認定現實就是如此，再也意識不到它下面的真相了。再說一遍，罪咎的黑暗會使我們對光明徹底的盲目。可還記得這一句發人深省的話：

> 沒有比只看外表的知見更盲目的了。（T-22.III.6:7）

(5:2~5) 烏雲似乎成了唯一存在的現實。你所看見的好似僅止於此。因此，你裹足不前；然而，唯有穿越過去才可能使你徹底相信烏雲的虛幻不實。今天我們就要跨出這一步。

如果我們並不覺得有穿越烏雲的必要，自然便會「裹足不前」，猶如柏拉圖「洞穴」的比喻，那群被鎖鏈綁住的囚犯，只看得到洞壁上晃動的人影就誤以為那是「實況」，絲毫不知那些只是投射在石壁上的人影而已。既然不知真相，自然無法探尋整個景象的源頭，最多只能將這些烏雲重新排列組合一下，讓自己在人間好過一點。好比說，我們原本為了看得清楚而發明了種種的人工照明，例如蠟燭、油燈、鎢絲燈泡、螢光燈、水銀燈，甚至是太陽的光……不一而足，最厲害的是，我們還打造出自身特殊性的光環。總之，我們不認識真正的光明，只好盡己所能，打造自己想要的光明。正如同我們不只認定一切問題都出在世界那一團烏雲裡，而且確信只能在那兒找到答案。就這樣，小我企圖把「非心」之境打造成人生現實，這一陰謀不僅得逞，而且已在世間大行其道。

(6:1) 先想一想你此刻致力之事對自己及世界的重要性，然後試著置身於完全的寂靜中……

請記住，耶穌在此說的絕不是拯救外邊那個世界，因為**外在世界根本就不存在**。他是指我們心靈投射之前所認定的天人分裂的世界——我們先相信有個與上主分裂的世界（也就是罪、咎、懼、攻擊以及死亡的深淵），然後將這個思想體系投射成一個外在世界，並且相信這個世界有待自己的拯救。前面說過，耶穌要我們成為世界的救恩之光，當然不是指有形可見的光明，否則就和他的基本訊息背道而馳了。我們得拯救世界，因為我們得拯救自己；我們拯救了自己，因為我們拯救了世界。說到究竟，我們和世界根本是同一回事，只因**觀念離不開它的源頭**。耶穌下面這一段教誨，言簡意賅地解說了心靈與世界的關係，以及救恩的本質是什麼：

> 由於那個世界是出自你所不要之物，你因為怕它才把它從心中投射出去的。世界始終存於打造它的心靈，與真正的救恩同在你心內。切勿相信世界在你心外，因為你必須先認清世界真正的所在，才有駕馭它的可能。你確有駕馭自己心靈的能力，因為心靈乃是你的決定中樞。（T-12.III.9:7~10）

(6:1~3) **……心中只存一念，就是你今天多麼想要找到內在的光明，而且現在就要。你下定決心要穿越層層烏雲。你在心裡向前伸去，直到好似觸及它們為止。**

「在心裡……觸及它們」，這句話再度強調了烏雲不在外面，它其實是心內的攻擊之念，投射出去後，形成了我們有形的人生體驗。不說自明，這一叮嚀是要我們憶起自己還有心靈，藉之破解小我想陷我們於「無心」的陰謀。這番話同時流露出耶穌指望我們選擇幸福，然而，前提是，我們必須接受他的帶領，才穿越得了罪咎之雲而抵達真理的光明之境。

(6:4~5) **然後，用手撥開那些烏雲，穿越過去，你會感到雲團好似沾在你的面頰、前額及眼瞼上。放心地向前走吧！團團雲層**

阻擋不了你的。

這句話無疑告訴我們，除非我們自甘賦予幻相力量，否則它對我們終究一無所能。話說回來，我們得先深切意識到特殊性對自己百害而無一益，我們才可能用心操練下去。換句話說，為了撫平痛苦，我們才會甘心好好操練。

> 人忍受痛苦的耐力雖高，終究有其限度。遲早，心靈會隱隱地冒出一念：「一定還有更好的途徑才對」。（T-2.III.3:5~6）

終有一天，痛苦會逼得我們不得不認錯。畢竟，抓著判斷、怨尤或特殊性不放，不論哪一種形式，對自己一點好處都沒有。是的，我們總有一天會刻骨銘心地體會出這一真相的：**除了放下它們**這一途，其他什麼方法都無效！在這之前，我們只能虛心受教，遵循指示如實操練，罪咎之雲必定阻擋不了我們，只要我們不賦予它們任何力量。

(7) 你若練習得當，就會開始有一種被托舉起來、飄然向前的感覺。你那小小的努力及決心，會招引宇宙的大能前來相助，上主會親自將你由黑暗提昇至光明內。你的意願與祂的旨意同出一轍。你不會失敗的，因為你的意願就是祂的旨意。

我們怎麼可能失落？這才是關鍵之所在！問題是，我們毫不覺察小我一直想要自行承受失落之苦。但我們是不可能失落的，只因「最後的結局會與上主本身一般屹立不搖的」（T-4.

II.5:8）。我們深知此言不虛，只要自己親自接受了救贖，也就是接受上主和我不曾分開這一喜訊；而接受這一喜訊只需要我們「小小的努力及決心」，也就是允許聖靈幫助我們憶起真相的「小小願心」。耶穌在〈正文〉解說「神聖一刻」時，給了我們同樣的鼓勵及保證：

> 只要你滿懷恢復神聖面目的大願心，必能獲享神聖一刻的。……你心靈所能為它做的準備，頂多只是認清自己對它的渴望超乎世上任何一物。此外，你無需做更多的事了；其實你最需要做的，就是明白自己不可能做得更多了。……神聖一刻不是單靠你的小小願心就能成就的。你那小小願心必須先融入上主旨意的無限能力，神聖一刻才可能發生。（T-18.IV.1:1,4~5; 4:1~2）

> 至於你的本分，只是獻給祂〔聖靈〕小小的願心，讓祂為你消除所有的恐懼與怨恨，並因而獲得寬恕。你的小小信心一旦與祂的智慧結合，祂便能把你引進救贖大業，而且保證你馬到成功。只要與祂在一起，你等於在堅固的信仰基石搭起了一座直達天堂的天梯。（T-18.V.2:5~7）

(8:1~2) **今天，全心信賴你的天父吧！相信祂不只聆聽了你，而且答覆了你。即使你尚未認出祂的答覆，你仍可全然放心，答案已經賜給你了，你終會領受的。**

「即使你尚未認出祂的答覆」，這句話十分耐人尋味，因它表示出耶穌完全明白我們仍在過程之中，因此，他並不指望我們立刻就能穿越烏雲幻相而進入他的光明。這正是耶穌教誨的一貫風格：一方面，他為我們指出目標之所在，而且不斷為我們打氣，只要我們有足夠的願心，就會有足夠的力量；另一方面，他同時提醒我們還有一大段路要走。值得慶幸的是，與上主一般屹立不搖的「結局」始終在那兒，等著我們逐漸放下恐懼而接受上主的答覆。

(8:3~5) **當你企圖穿過雲層，邁向光明之際，好好護守這份信心。試著記住，你的意願終於與上主的旨意合一了。銘記於心，你與上主攜手合作之事，必會成功。**

這幾句話無疑給了我們一個生活的準則。即使小我的罪咎、焦慮及絕望有如烏雲密佈，但我們只需記住「誰」在與我們同行，並且學習信賴那個超乎自我的力量（也就是上主的愛而非小我），我們終將穿越烏雲而獲享光明的。耶穌針對那一團烏雲般的恐懼，說了一段振奮人心的話：

> 只有上主能夠領你一探究竟，只要你真心願意跟隨聖靈，穿越那看似凶險之地，且信任祂絕不會遺棄你。祂絲毫沒有嚇唬你的意思，只有你最愛嚇唬自己。恐懼一出現，你就忍不住想要棄祂而逃；而祂卻一心想帶你度過難關，更上一層樓。（T-18.IX.3:7~9）

因著那位神聖道友的陪伴，我們終將凱旋歸鄉。真理必會戰勝幻境，因為真理永存不滅。

(8:6) 然後，就讓上主的大能在你內工作，使祂的旨意與你的意願因你而得以成就。

我們早已明白，與上主的結合，憑靠的不是我們的努力，而是上主的大能。「上主」一詞，在此其實就是指聖靈，唯有祂才能幫助我們憶起「自己的意願及上主旨意是同一回事」——整個生命的實相就是建立在這「同一旨意」上的。

(9:1~2) 有鑒於今天這觀念對於你及你的幸福的重要性，你應盡量多作「短式」練習，隨時提醒自己，你的怨尤會使你難以意識到世界之光。同時提醒自己，你追尋光明時絕不孤單，現在，你已經知道去哪兒找它了。

這兒所說的「絕不孤單」，耶穌並不是指他自己或聖靈的陪伴，因為**祂們**已經無需再追尋了。他要說的是，我們追尋光明時絕不孤單，因為聖子奧體內每一位弟兄都跟我在一起。然而，要領悟這一真相，前提是，每當我們又開始抓著怨尤不放，這種時候，必須當下就向聖靈求助，不再聆聽小我的瘋狂之言才行。

唯有真正明白這是幸福的關鍵，我們才可能心甘情願地改弦易轍。

(9:3~6) **然後，這樣說：**

> **我的怨尤遮蔽我內在的世界之光。我無法看見自己所遮住的光明。然而，為了我與世界的得救，我要親身目睹這一光明。**

請牢牢記得，這一練習不僅與**我們的**幸福休戚相關，而且只有它能將我們由罪咎的地獄拯救出來；這個練習不僅關係到**自己的**得救，更關係到整個聖子奧體的救恩，只因我們所有的人是同一個心靈。

(9:7~8) **今天你若還想抓著任何人的把柄不放時，記得這樣對自己說：**

> **如果我還心懷怨尤，我就不會看見世界之光。**

顯然，耶穌要我們看緊心裡每一個攻擊的念頭，不論大小輕重，有理無理，都應提高警覺，正是它們遮蔽了自己心中的世界之光。甚至可說，我們的怨尤不僅會遮蔽另一人的光明，還會陷所有的人於無盡的黑暗。若要由此脫身，唯有一途，就是決心放下怨尤。

第七十課

我的救恩來自於我自己

這一課太重要了，因而屢屢被我們引用。它之所以那麼重要，只因它一針見血指出，真正的問題在於我們內心的罪咎。也就是說，一切煩惱的肇因，以及所有的化解之道全都在心裡，而不在外面；一味向外尋覓，是**絕不可能**找到的。

(1:1) **這是世上令人最難相信的觀念了，不論這誘惑化身為何種形式。**

可以說，世間所有的特殊關係最終要說的一句話就是：「我得救與否，就看你了！」（不論這個「你」是指某個特殊的人、物，或某一事件）；說出這樣的話，無異於聲明：「我的幸福快樂不是憑靠自己內心的選擇，而是仰賴心外的某人某事某物。」至於真相究竟如何，毫無疑問，你我都知道的，只有心能「拯救」（salvation）自己，同時也只有心能「囚禁」

(slavation)自己。(請容許我玩一下文字遊戲)

(1:2~3) 救恩彷彿可能來自任何地方，就是不可能來自你自己。罪咎的來源也是如此。

大體而言，〈練習手冊〉不像〈正文〉那般給予我們通篇的深奧理論，而這也正是〈練習手冊〉最吸引人的地方。我們往往很驚訝地發現，對這麼清晰明確的說法，自己竟然會一再視而無睹。比如說，假設我們曾經操練過這部手冊，久久之後再次重讀，必然十分吃驚，有多少地方我們居然一點印象都沒有，或是往日練習時壓根兒也沒有看到。現在，請再重新體會一下，光是上面這一小段引文，就足以反映出〈練習手冊〉這種單純而明確的特質了。

(1:4~6) 你無法看出罪咎與救恩都是出自你的心內，不是來自其他任何地方。你若明白，所有的罪咎根本就是你自心的發明，你就不難明白罪咎與救恩必然同出一源。了解了這一點，你就已經得救了。

小我整個思想體系最終的目的，即是將問題和答案隔離，令兩者永不碰頭。為了抵制救贖，小我捏造出一堆的罪咎，然後將它們投射出去。也就是說，小我其實心知肚明，若要接受救贖，就必須在正念之心內，但它卻唆使我們把罪咎投射到別人身上，將自己的問題一一轉為他人的罪咎、他人的問題。從此，每一個社會，每一個人，為了解決內心的罪咎，不得不把畢生精力投注在外在的人事物上，企圖透過外在的行為來減輕人間的苦。殊不知，真正的苦因（也就是寧可活成特殊而有罪的個人這一選擇），始終牢牢地藏匿在小我的防衛機制之下。這就是我們先前討論過的，罪咎與身體「雙重遺忘」的防衛機制。

(2:1) **你可能認為，若接受今天的觀念，你得付出一個代價，即是：外在沒有一物救得了你，也沒有一物能帶給你平安。**

這一小段所指涉的，包括了《奇蹟課程》和它的作者，甚至還包括上主在內，外面沒有一人一物拯救得了我們！《奇蹟課程》這個觀點可說一舉打破了東方靈修所盛行的「上師崇拜」之傳統。再說一次，唯獨人心內的抉擇能力，方足以帶給我們救恩及平安。這個觀念不論重述多少遍都不為過。

(2:2) **但它同樣意味著，外在沒有一物傷害得了你，也沒有一物騷擾得了你的平安，或帶給你任何煩惱。**

前一段話若是真的，這一段話必然也是真的，因為**心外無物**。外面沒有任何人救得了我們，因為身外無一人；外面也沒有任何東西傷害得了我們，因為身外無一物。這是理解「救恩的單純性」（T-31.I）的另一種方式。

(2:3~5) **今天的觀念將你奉為宇宙的主人；你當之無愧，因為你本來就是。這一角色，你不可能只接受一小部分。至此，你必然已看出了端倪：接受這一觀念，就是救恩。**

這兒的「宇宙」一詞，當然不是指天堂境界，而是我們心中的宇宙，也就是這個世界。我們是世界的主人，只因這是我們選擇的結果；而這一位掌管宇宙的「你」，顯然是指「抉擇者」——既然是它決定要活在夢境裡的，那麼，對它而言，要選擇活在夢境之外，豈會是難事？

「這一角色，你不可能只接受一小部分」，一句話有如當頭棒喝，明白直言，我們根本沒有理由說：「這件事，我可以自行處理，但那件事，我得靠別人。」或是：「我只需要耶穌幫忙解決這個問題，但千萬別插手其他的問題。」真正的寬恕，必定是隨時隨地一體適用的，否則它就一無所用。請牢記不忘，這部課程的基本原則：不是全有，就是全無。

(3:1~2) **然而，你也許還不清楚，為什麼認清罪咎出自你的內心，你就會明白救恩也在心裡。上主不會把治病的藥方放在無用之處。**

如果從文字表面來看，「上主不會把治病的藥方放在無用之處」這一句顯然表示上主在人間是有所作為的，祂不只看到了罪咎與疾病的存在，還給了我們一套解決方案，顯示祂對這類的錯誤或疾病還挺當真的。耶穌確實是這麼說的，〈正文〉裡也有不少類似的說法〔原註〕。現在，我必須暫時停下課文的

〔原註〕《奇蹟課程》的特殊用語在《奇蹟課程的訊息／暫譯》第二冊《聆聽者稀》中有詳盡的解說以及實例。

闡釋，回過頭簡述一下我在第一冊「序」裡針對《奇蹟課程》用詞的解說，再度重申這個重要觀點：這類說法純粹是一種比喻、一種象徵，事實上，上主既不會針對分裂幻境擬出任何的解決方案，也不會特別造出一位聖靈，塞進我們的心裡。我們甚至可以說，這位造物主絕不會精心設計一套救贖計畫，想方設法把聖子從夢中喚醒。請看，耶穌剛剛才說「外在沒有任何一物救得了你」，這會兒，他卻說上主有意拯救我們，想一想，果真如此的話，上主豈不是淪為二元性的神明，活在祂要拯救的對象之外了！

耶穌之所以在《奇蹟課程》採用二元性的詞彙，完全是不得不爾的權宜作法，只因這是我們比較熟悉而且能夠接受的說法，有安撫人心的作用。此刻，不妨回顧一下先前討論過的「與真理連結」那一段（T-25.I.5~7），由於我們與四分五裂的自己認同如此之深，而對圓滿一體之境又如此陌生，自然難以了解一體性的語言。耶穌另外在〈詞彙解析〉也明白指出，他必須利用「小我的思想架構」來傳達他的教誨（C-in.3:1），他的教誨最多只能**反映**一體不二之境，但這是領我們**回歸**一體的必經過程。

釐清這一點以後，我們便可繼續討論下去了：

(3:2~3) 上主不會把治病的藥方放在無用之處。那是人心的運作方式，絕非祂的。

換句話說，我們在心裡已經把問題與答案分置兩地了。「上主的想法則恰恰相反」（T-23.I.2:7），聖愛的記憶會把我們從心裡投射出去的問題帶回始終在心裡的答案。

(3:4) 祂願你痊癒，因此祂早已將治癒之源置於有待治療之處。

再說一次，上主不會期待你痊癒的，否則就表示你在祂心目中是有病的，如此一來，豈不是又把錯誤弄假成真了。從另一方面來講，這些溫柔的象徵說法就像定心丸一般，讓我們感到無比安心。正因如此，《奇蹟課程》才會寫成二元的形式，我們應當隨時記住這一點。如果使用一體不二的方式來表達，這個真相就是：根據上主的存在本質，祂是療癒的終極源頭，而且永恆臨在心靈內；透過我們對祂的記憶，依舊存在於患了分裂痼疾的心靈中。

(4:1) 你一直設法反其道而行，不惜瘋狂地扭曲現實，想盡辦法將治病之方與有待治療的疾病分置二處，以保住疾病。

我們先前已經討論過小我真正的恐懼。它怕的不是上主的愛，因為它對愛一無所知；它真正怕的是心靈的選擇能力，唯恐抉擇者作出正確的選擇而這麼說：「我雖已誤選了小我，但真理實相仍在我心中等著我選擇它。」無疑的，我們擁有這種「修正錯誤的選擇」之能力，這是小我真正害怕的。為此，它才會無所不用其極地把上主之子打入失心狀態，令聖子想要轉念也無下手之處，小我從此方能高枕無憂。

由此可知，解決之道就在我們心裡，因為那才是問題的源頭。既然問題不在於小我的思想體系，而在於我們與它認同的那個決定；那麼，解決之道所憑藉的，自然不是靠我們改變小我的思想體系（即第一重遺忘機制），也不是靠改變小我思想體系投射出來的表相（即第二重遺忘機制）。一言以蔽之，解決之道的關鍵所在，即是改變自己對小我整套體系的看法。容我再次引用這句醒世之言：

為此，不要設法去改變世界，而應決心改變你對世界的看法。（T-21.in.1:7）

這就是為何這幾課不斷地耳提面命，要改變我們對世界的看法，至此，《奇蹟課程》這一宗旨已活脫脫躍然紙上，而〈練習手冊〉這種鍛鍊心靈的作用，在整部課程的目標上也昭然若揭了。

此刻，讓我們再來重讀一遍：「你一直設法反其道而行，不惜瘋狂地扭曲現實，想盡辦法將治病之方與有待治療的疾病分置二處，以保住疾病。」換句話說，自己真正想要的，其實就是千方百計保住自己的特殊性這個頑強的痼疾。小我複雜的思想體系和它投射出來的複雜世界，只有一個目的，就是幫我們護守住「我是特殊的、自主的、上主之外的另一生命」這個病態信念。

(4:2~3) **你的目的不過想要保證此病永不得治癒。而上主的目**

的則是保證它會藥到病除。

請記住，「你的目的」的這個「你」，是指那位很想自立自主的抉擇者，是它讓聖子陷於與上主對立的窘境。但上主只有一個旨意，就是祂和聖子永遠一體不分，正如下一段所說：

(5) 今天我們要設法認清，上主的旨意與我們的意願在這件事上其實是一樣的。上主要我們獲得痊癒，而我們也不真的想要生病，因生病使我們很不快樂。因此，接受今天的觀點，實際上就是認同上主的旨意。祂不願我們生病。我們也不願如此。祂願我們得到治癒。我們也想痊癒。

請看，耶穌如此苦口婆心勸勉我們，心懷怨尤只會讓自己活得不快樂，而且非常不快樂。我們的怨尤固然會讓周遭的人不快樂，然而，能夠終結自己的不幸與痛苦，才是促使我們放下怨尤的最大動力。請記得，我們研讀《課程》、操練〈手冊〉，不是因為耶穌要我們如此修持，而是自己終於看清了，所有自以為是的努力都已失敗，最後不得不接受「唯有與耶穌聯手才可能幸福」這一條出路。是的，與耶穌結合的決定，不僅代表了一己之願與上主旨意的結合，同時也體現了我們願意療癒分裂之念的決心。

(6) 我們今天準備作兩個「長式」練習，每一次應該長達十至十五分鐘。你可自行決定練習的時刻。下面幾課也是按照這一模式進行的，不妨事先訂出什麼時候是你放下工作、好好練習

的最佳時刻，然後盡可能按照計畫進行。

耶穌再次給予**我們**具體的練習規範，真的，他的要求一點也不高，只是想要引領我們上路，激勵並訓練我們的思維與他同步，逐漸放下小我的思維而憶起上主。

(7) **練習開始時，先複誦一下今天的觀念，再加上一句話表示你已認清了救恩絕非來自外在。你可以這樣說：**

我的救恩來自於我自己。它不可能來自其他任何地方。

再花幾分鐘的時間，閉起眼睛回想一下你以前向外尋找救恩之處，例如：他人、財富、各種環境事件，以及你一直設法弄假成真的自我概念。認清了救恩根本不在那兒之後，向自己說：

我的救恩不可能來自這些東西。我的救恩來自於我，
而且唯獨來自於我。

我們始終相信，除了上主以外，世間還有其他東西能助我們一臂之力，或帶給我們怎樣的幸福，正是基於這種信念，我們打造了各種特殊關係。對此，本課的宗旨就是幫助我們覺察這種信念在自己心中竟然如此根深柢固，同時感受到這種扭曲至極的信念為此生帶來多少痛苦。只有這個領悟能促使我們作出正確的選擇，邁向真正的平安幸福。

(8:1~5) **現在，我們再試著深入你內在的光明，那才是你的救恩所在。你無法從罩在光明之外的烏雲中找到救恩；而你過去**

一向是從那兒下手的。救恩不在那兒。它在烏雲的上方，在雲外的光明內。請記住，你必須先穿越眼前的雲層，才可能抵達光明之境。

前文描述「穿越烏雲而抵達光明」的那張圖表（請參閱270頁），也可以套用於此，它明白點出「穿越特殊關係而抵達寬恕之光明」的過程。上面這段引文說得再清楚不過了：我們無法從自認為所在之處直接跳入天堂的，首先，我們必須穿越濃雲密佈的幻相。難怪耶穌一再提醒我們「好好正視恨的特殊關係，才是通往自由之路」（T-16.IV.1:1）。同時，我們還得切身感受到這些怨尤之念是多麼病態甚至神智不清，才跨越得過去，而與隱身其後的愛接上地氣。從這個烏煙瘴氣的世界，我們是不可能找到救恩的，救恩只能在救贖光明內尋獲——縱然小我千方百計隱藏，那個光明在我們心中卻始終長照不息。

(8:6) **也請記住，你從未在你想像出來的白雲蒼狗之中找到過任何經得起時間考驗之物，或是你真正想要的東西。**

平心而言，我們其實不太接受這個說法，心裡始終有一部分相信人間還有希望，只要努力打拼，這個特殊的自己依舊大有可為。正是這類思維，經常令人感到《奇蹟課程》對自己似乎無何助益。為此，耶穌才如此不厭其煩提醒我們，世上絕無一物可以滿足我們心中對愛與平安的由衷渴望。

(9) **救恩的種種幻相一再辜負了你的期待，你一定不想繼續逗**

留於烏雲內，在那兒徒勞地追尋偶像，因為你已能輕易邁入真實救恩的光明中了。試著用你喜歡的方式穿越那些烏雲吧！如果對你有益的話，你不妨觀想我牽著你的手在前帶路。我敢保證，這絕不是無謂的幻想而已。

請注意，耶穌在整部〈練習手冊〉裡很少直接提到自己，這兒是極少見的一例。毋庸贅言，他如此直說「觀想我牽著你的手在前帶路」，帶給我們的感受，有如千鈞之力。他要說的是：「只要跟我一起穿越，你的日子會好過很多。」耶穌在他處也表示過：「沒有我，你根本穿越不了烏雲的。」此外，他還一再表示他需要我們不亞於我們需要他。這句話先前已經引用過了（T-8.V.6:10）。只要我們仍視自己為一具身體，就需要另一具身體的幫助，緊緊牽住領隊的手，才穿越得了特殊性的泥沼；反之，企圖獨自穿越小我的罪咎之雲，註定會失敗的，只因這一企圖恰恰反映了原始錯誤的陰魂——我們當初的如意算盤，就是想在上主**之外**另起爐灶。

當然，在實相的終極之境，沒有我們，沒有耶穌，也沒有什麼烏雲，但那畢竟屬於終極之境。當我們仍自視為一具身體，而且還以奇蹟學員自居時，耶穌的幫助必定有起死回生之效。這令我們想起他在〈詞彙解析〉的呼籲——縱然他的訊息才是最重要的，但他本人對我們的幫助也絕不可輕忽：

> 然而，對你而言，耶穌是傳遞基督的唯一訊息「上主是愛」的使者。你不需要其他助手了。即使是還無法

> 接受他進入自己的生活的人，仍能因著閱讀他的教誨而受益的。不過，你如果想要得到上主的平安而與他分享你的痛苦及喜悅，甚至將它們交託給他的話，耶穌對你的幫助一定更大。（C-5.6:4~7）

總而言之，耶穌要說的是：「不要撇開我而自行踏上這一旅程。」

(10) **在今天簡短而頻繁的練習中，不斷提醒自己，你的救恩來自於你，只有你自己的想法才阻礙得了你的進步。外界沒有一物干擾得了你。你是掌管自己救恩的主人。你也掌管了世界的救恩。然後，這樣說：**

> **我的救恩來自於我自己。外在沒有任何東西阻擋得了我。世界與我自己的救恩都在我內。**

本課的結尾，耶穌又再次提醒我們，我們再也不能把自己的靈修障礙歸咎於外在的干擾了。一句話，耶穌要我們今天盡可能記得救恩只來自於自己。這對小我而言，不啻一大噩耗，但對心靈內想回家的那一部分，可說是最大的喜訊。是的，世間沒有一物阻擋得了我們回家，因為這是我們真正的渴望，我們必會如願以償的。

奇蹟資訊中心
出版系列：

《奇蹟課程》
（A Course in Miracles）——新譯本

《奇蹟課程》是二十一世紀的心靈學寶典，更是近年來各種心理工作坊或勵志學派的靈感泉源。中文版已在 1999 年由若水譯出，並由作者海倫・舒曼博士所委託的「心靈平安基金會」出版。

新譯本乃是根據「心靈平安基金會」2007年所出版的「全集」，也是原譯者若水在「教」「學」本課程十年之後再次出發的精心譯作。全書分為三冊：第一冊：〈正文〉；第二冊：〈學員練習手冊〉；第三冊：〈教師指南〉、〈詞彙解析〉以及〈補編〉的「心理治療」與「頌禱」二文。新譯本網羅了《奇蹟課程》所有的正式文獻，使奇蹟讀者從此再無滄海遺珠之憾。**（全書三冊長達 1385 頁）**

《奇蹟課程》
〈學員練習手冊〉新譯本隨身卡

《奇蹟課程》第二冊〈學員練習手冊〉共三百六十五課，一日一課地，在力求具體的操練中，轉變讀者看事情的眼光，解開鬱積的心結。

若水由十餘年的奇蹟課程教學譯審經驗出發，全面重譯這部曠世經典。新譯版一本經典原文的精確度，語意更為清晰，文句更加流暢。精煉再三的新譯文，吟誦之，琅琅上口，饒富深意，猶如親聆J兄溫柔明晰的論述，每天化解一個心結，同享奇蹟。

為方便現代人在忙碌生活中操練每日一課，經三修三校的重譯版，首度以隨身卡形式發行，以頂級銅西卡精印，紙版尺寸 8.5 × 12.6 公分，另有壓克力卡片座供選購。**（全套卡片共 250 張）**

奇蹟課程導讀與教學系列

《奇蹟課程》雖是一部自修性的課程，只因它的理論架構博大精深，讀者常易斷章取義而錯失精髓，故奇蹟資訊中心陸續推出若水的導讀系列、米勒導讀，以及一階理論基礎及二階自我療癒DVD、其他演講錄音或錄影教材，幫助讀者逐漸深入這部自成一家之言的思想體系。

若水導讀系列

(一)《創造奇蹟的課程》**（全書 272 頁）**
(二)《生命的另類對話》**（全書 272 頁）**
(三)《從佛陀到耶穌》**（全書 224 頁）**

若水在這三冊中，解說《奇蹟課程》的來龍去脈與理論架構，透過問答的形式，說明崇高的寬恕理念如何落實於生活中；最後透過《奇蹟課程》的理念，闡釋佛陀和耶穌這兩位東西方信仰系統的象徵，在實相裡並無境界之別，而只有人心的「小我分裂」與「大我一體」的天壤之隔。

米勒導讀

《奇蹟半生緣》

一位慧心獨具卻不得志的記者，三十多歲便受盡「慢性疲勞症候群」的折磨，群醫束手無策，他在走投無路之下，不禁自問：「究竟是誰把我這一生搞得這麼慘?」

《奇蹟課程》讓他看到，自己竟是一切問題的始作俑者。他對這一答覆百般抗拒，直到有位心理治療師對他說：「恭喜你！你若讀得下這本書，大概就不需要心理治療了！」

《奇蹟半生緣》全書穿插作者派屈克・米勒浮沉人生苦海的經歷，但他並不因此獨尊自身的經驗和詮釋，而以記者客觀實証的精神，遍訪散居全美各地的奇蹟講師與學員，甚至傾聽圈外人的質疑。本書可說是一部美國奇蹟團體的成長紀實。**（全書 319 頁）**

奇蹟課程有聲教學教材

奇蹟資訊中心歷年發行《奇蹟課程》譯者若水的演講錄音或錄影光碟，將《奇蹟課程》的抽象理念與現實生活銜接起來，幫助讀者了解《奇蹟課程》的精髓所在，是奇蹟學員不可或缺的有聲輔讀教材，由於教材內容每年不盡相同，欲知詳情，請上網查詢。

www.acimtaiwan.info 奇蹟課程中文網站

www.qikc.org 奇蹟課程中文部簡体網

肯恩實修系列

《奇蹟原則50》

許多讀者久仰《奇蹟課程》之盛名，興沖沖地讀完短短的導言後，就怔忡在一條一條有如天書的「奇蹟原則」之前。讀了後句忘前句，「奇蹟」的概念好似漂浮在字裡行間，始終無法在腦海中落腳，以至於閱讀了一兩頁之後便後繼無力，難以終篇，竟至棄書而逃。

「奇蹟原則」前後五十條，其實是整部課程的濃縮，若無明師指點，讀者通常都不得其門而入。於今多虧奇蹟泰斗肯尼斯旁徵博引，以深入淺出而又幽默的答問形式，將寬恕與奇蹟的精神落實於生活中，為初學者乃至資深學員提供了一個實修的指標。**（全書209頁）**

《終結對愛的抗拒》

追尋心靈成長的人，學到某個階段往往面臨一個瓶頸：儘管修習多年，一遇到某種挑戰，就不自覺地掉回原地，因而自責不已。問題到底出在哪裡？

佛洛依德在他的臨床經驗中，驚異地發現，病人的潛意識中有「拒絕療癒」的本能，肯尼斯根據《奇蹟課程》的觀點，犀利地剖析人們「拒絕療癒或轉變」的原因，又仁慈地為讀者指出穿越小我迷霧的關鍵，由停滯不前的窘境中突圍。對於追尋心靈成長和平安的人而言，本書不但有提點指授的功效，更有當頭棒喝的力道。**（全書109頁）**

《親子關係》

坊間論及親子問題的書籍可謂汗牛充棟，泰半繞在親子關係複雜且微妙的糾結情懷，唯獨肯尼斯・霍布尼克不受表象所惑，借用《奇蹟課程》的透視鏡，澈照出親子之間愛恨交織的真正關鍵。

本書表面上好似在答覆「如何教養子女」、「如何對待成年子女」以及「如何照顧年邁雙親」等具體問題，它其實是為每一個人點出我們在由「身為兒女」，到「照顧兒女」，繼而「照顧雙親」的艱苦過程，以及我們轉變知見時必然經歷的脫胎換骨之痛。**（全書238頁）**

《性・金錢・暴食症》

在紛紜萬象的世界裡，性、金錢與食物可說是人生問題的「重頭戲」，最易牽動小我的防衛機制，故也最具爭議性。作者肯恩沿用《奇蹟課程》中「形式與內涵」的層次觀念，針對性、金錢等等所引發的光怪陸離現象（形式），揭露它們背後一貫的目的（內涵）── 小我企圖藉無止盡的生理需求，抹滅心靈的存在，加深孤立、匱乏、分裂等受害感，最後連吃飯、賺錢與性交都可能變成一種攻擊的武器。

肯恩與學員的趣味問答，反映出我們日常是如何受制於這些生理需求的；然而，我們也能藉聖靈之助，將現實挑戰化為人生教室，將小我怨天尤人的陰謀，轉為寬恕與結合的工具。**（全書196頁）**

《仁慈──療癒的力量》

這是一部針對奇蹟教師及資深奇蹟學員的實修指南。全書分上下兩篇，上篇列舉奇蹟學員常有的現象，例如以奇蹟之名攻擊他人，或以善意為由掩蓋自己批判的心態；下篇探討如何用仁慈的眼光來看待自己與他人的缺陷，教我們將自身的限制或缺陷轉為此生的「特殊任務」，在人間活出寬恕的見證，成為聖靈推恩的管道。**（全書251頁）**

《逃避真愛》

本書是針對道理全懂卻難以突破的資深學員而寫的，它一針見血地指出，綑綁我們修行腳步的，不是世界的黑暗，也非人間的牽絆，而是自己打造出來的一道心牆。

只因我們深怕真愛會消融了自己的特殊性，故把心靈最深的渴望隱藏到心牆之後，與之「解離」，在人間展開一場虛虛實實又自相矛盾的追尋。一邊痛恨小我的束縛，一邊又忙著為小我說項；以至於內心有一部分奮力向前，另一部分則寧可原地觀望。藉著裝傻、扭曲、辯駁，把回歸真愛的單純選擇渲染成複雜又艱深的學問。

《逃避真愛》溫柔地解除了人心無需有的恐懼，讓我們明白心牆的「不必要」，陪伴我們無咎無懼地跨越過去。**（全書156頁）**

《假如二二得五》

從古至今，多少人心懷救苦救難的大志，傾注一生之力貫徹自身理想，卻往往受現實所囿而終不能及。我們這些凡夫俗子，亦不乏拼搏自救之心，然而在現實面前，還是屢屢敗陣，活得憋屈而無奈。問題究竟出在哪裡？

對此，本書剴切提出：整個世界其實一直按照２＋２＝４的「鐵律」來運作，萬物循著固定的軌跡盈虧盛衰，一切可謂「命中註定」，無怪乎歷史上的種種救世之舉皆以失敗告終。然而，《奇蹟課程》識破世界的詭計，小我既然使出２＋２＝４的苦肉計，它便祭出２＋２＝５的救贖原則，破解小我編織的羅網，溫柔地引領我們走出世界的幻境。本書即是教導我們，如何在貌似２＋２＝４的世界活出２＋２＝５的生命氣象，而且更進一步，迎向天地間唯一真實的等式１＋１＝１。**（全書171頁）**

《駱駝・獅子・小孩》

本書書名出自德國哲學家尼采的代表作《查拉圖斯特拉如是說》裡的「三段蛻變」──駱駝、獅子、小孩。這則寓言提綱挈領地勾勒出靈性的發展過程，尼采的幾項重要論點，包括強力意志、超人、永劫輪迴，也在肯恩博士精闢的詮釋之下，與奇蹟學員熟悉的抉擇心靈、資深上主之師、小我運作模式等觀念相映成趣。

肯恩博士為奇蹟學員引薦這位十九世紀天才的作品，企盼在大家為了化解分裂與特殊性而陷入苦戰之際，可以由這本書得到鼓舞和啟發。我們終將明白，唯有「一小步又一小步」的前進，從駱駝變成獅子，再進一步蛻變為小孩，不跳過任何一個階段，才能抵達最後的目標。**（全書177頁）**

肯恩《奇蹟課程釋義》系列

《奇蹟課程序言行旅》

如果說《奇蹟課程》是一首曠世交響曲，《序言》便奠定了整首樂曲的氣質與基調，不僅鋪敘出奇蹟交響樂的關鍵理念，還將讀者提昇到奇蹟形上思想的高度和意境，堪稱《正文行旅》最佳的暖身之作。

肯恩有如一流的樂評家，領著讀者，在宏觀處，領受樂章磅礡的主旋律，在微觀處，諦聽暗藏其中的千百種變奏，致其廣大，盡其精微，深入課程之堂奧，回歸心靈之家園。**（全書121頁）**

《正文行旅》（陸續出版中）

《奇蹟課程》在人類靈性進化史上的貢獻可謂史無前例，而《正文行旅》乃是《奇蹟課程釋義》三部曲的完結篇。肯恩由文學，詩體，音樂三重角度，依循各章節的主題，提供了「重點式」以及「全面性」的導覽，幫助學員深入奇蹟三昧，沉浸於智慧與慈悲之海。

這部行旅可說是肯恩一生教學的智慧結晶，奇蹟學員浸潤日久，必會如他所願：奇蹟，發自心靈，必將流向心靈。**（第一冊335頁，第二冊314頁）**

《學員練習手冊行旅》（陸續出版中）

整套《奇蹟課程釋義》的問世，可說是無心插柳。1998年起，肯恩應學生之請，為〈學員練習手冊〉做了一系列的講解，基金會將研習錄音增編彙整為逐句詮釋的〈練習手冊行旅〉。此案既定，〈正文行旅〉以及〈教師指南行旅〉應運而生，為奇蹟學員提供了最完整且精闢的修行指針，訂名為《奇蹟課程釋義》，幫助學員將〈正文〉理念架構所引伸出來的教誨，運用到現實生活中。這三部《行旅》，可說是所有踏上奇蹟旅程的學員最貼心的夥伴。

《學員練習手冊行旅》的宗旨，乃是幫助奇蹟學員了解三百六十五課的深意，以及它們在整部課程中的作用。更重要的是，幫助學員將每日一課運用於現實生活中，否則《奇蹟課程》那些震古鑠今之言可謂枉費唇舌，徒然淪為一套了無生命的學說。**（第一冊346頁，第二冊292頁，第三冊234頁，第四冊337頁，第五冊289頁）**

《教師指南行旅》
（共二冊，含《詞彙解析行旅》）

〈教師指南〉是《奇蹟課程》三部書的最後一部，它以「如何才是上主之師」為主軸，提綱挈領地梳理出〈正文〉的核心觀念，全書以提問的形式鋪敘而成，為其他兩部書作了最實用的補充。

肯恩在逐句解說〈教師指南〉時，環繞著兩個主題：「個別利益」對照「共同福祉」，以及「向聖靈求助」。因為若不懂得向聖靈求助，我們根本學不會「共享福祉」這門功課。當然，全書也穿插不少副題，如「形式與內涵」、「放下判斷」等等，就像貝多芬的偉大樂章那樣，不時編入數小節旋律，讓主題曲與變奏曲銜接得更加天衣無縫。肯恩說：「我希望藉由本書讓學員看出，耶穌是如何高明地把他的基本訊息串連為一個整體，一如交響樂以主旋律與變奏曲那般交叉呈現、迴旋反覆地將我們領上心靈的旅程。」**（第一冊337頁，第二冊310頁）**

其他出版品

《寬恕十二招》

《寬恕十二招》的作者保羅．費里尼，有鑒於人們的想法與情緒反應模式，早已定型僵化，成了一種「癮」，不是一朝一夕可以化解得掉的。因此，他將《奇蹟課程》的寬恕理念，分解為十二步驟，一步一步地引導我們超越自卑、自責以及過去的創痛，透過自我寬恕而領受天地的大愛。這是所有準備好負起自我治癒之責的人必讀的靈修教材，也是曠世靈修經典《奇蹟課程》的輔讀書籍。**（全書 110 頁）**

《無條件的愛》

作者保羅．費里尼繼《寬恕十二招》之後，另以老莊的散文筆法，細細描述我們每一個人心中都擁有的「無條件的愛」。他由大我的心境出發，以第一人稱的對話方式，直接與讀者進行心與心的交流，喚醒我們心中沉睡已久的愛，開啟那已被遺忘的智慧。此書充滿了「醒人」的能量，是陪伴你走過人生挑戰的最好伙伴。**（全書 215 頁）**

《告別娑婆》

宇宙從哪兒來的？目的何在？我究竟是什麼？為什麼會在這裡？我要往哪裡去？我該怎麼活在這個世界裡？當你讀完本書，會有一種「千年暗室，一燈即亮」的領悟。

全書以睿智而風趣的對話談當今世局、原子彈爆炸，一直說到真愛、疾病、電視新聞、性問題與股價指數等等，讓我們對複雜詭異的人生百態，頓時生出「原來如此」的會心一笑。它說的雖全是真理，讀起來卻像讀小說一樣精彩有趣，難怪一問世便成了西方出版界的新寵。**（全書 527 頁）**

《一念之轉》

作者拜倫．凱蒂曾受十餘年的憂鬱症所苦，一天早上，她突然覺悟了痛苦是如何形成又如何結束的。由此經驗中，她發明了四句問話的「轉念作業」(The Work)，引導你由作繭自縛中徹底脫身，是一本足以扭轉你人生的好書。**（全書 448 頁，附贈轉念作業個案 VCD）**

《斷輪迴》　阿頓與白莎回來了！

繼《告別娑婆》走紅之後，葛瑞的生活形態發生重大的轉變，也面臨了更多的挑戰。葛瑞仍是口無遮攔地談八卦、論是非、臧否名流，阿頓和白莎兩位上師在笑談棒喝中，繼續指點葛瑞如何在現實挑戰下發揮真寬恕的化解（undo）功能，徹底瓦解我執，切斷輪迴之根。**（全書 304 頁）**

《人生畢業禮》

本書是保羅與 Raj 在 1991 年的對話記錄。對話日期雖有先後，內涵卻處處玄機，不論由哪一篇起讀，都會將你導入人類意識覺醒的洪流。

Raj 借用保羅的處境，提醒所有在人間孤軍奮鬥的人，唯有放下自己打造的防衛措施，才可能在自己的心靈內找到那位愛的導師。也唯有從這個核心出發，我們才會與所有弟兄相通，悟出我們其實是一個生命。**（全書 288 頁）**

《療癒之鄉》

《療癒之鄉》中文版由美國「獅子心基金會」委託台灣「奇蹟資訊中心」出版。

作者羅賓．葛薩姜把《奇蹟課程》深

奧又慈悲的教誨化為一套具體的情緒啟蒙和心靈復健課程，協助犯罪和毒癮的獄友破除心理障礙，學習處理人與人之間的衝突，調整情緒，建立自信，切斷「憤怒→攻擊→憤怒」的惡性循環。《療癒之鄉》陪伴無數受刑人度過獄中歲月。

《療癒之鄉》也是為所有困在自己心牢裡的讀者而寫的。世間幾乎沒有一人不曾經歷童年的創傷、外境的壓迫，以及為了生存而形成種種不健康的自衛模式。獄友的心路歷程給予我們極大的啟發，鼓舞我們步上心靈療癒之路。**（全書 440 頁）**

《我要活下去》

這本書不只是一本鼓舞信心的療癒指南，還是一個女人把自己從鬼門關前拉回來的真實故事。

作者朱蒂・艾倫博士（Judy Edwards Allen, Ph.D.） 原本是成功的專業顧問、大學教授、大學教科書作者，四十歲那年獲知罹患乳癌的「噩耗」，反而成為她生命的轉捩點，以清晰、熱情的文筆，記錄了她奮力將原始的求生意念成功地轉化為「康復五部曲」的歷程。讀者會看到她如何軟硬兼施地與醫生打交道，如何背水一戰克服無助感，又如何透過寬恕，喚醒內心沉睡已久的愛與生命力。最後，她終於超越自己對生死的執著，在這一場疾病與療癒的拔河大賽中，獲得了靈性的凱旋。**（全書 280 頁）**

《時間大幻劇》

人們對於時間，存在著種種截然不同的看法，比如：時間是良藥，可以癒合一切創傷；善惡終有報，只等時候到；時間是無情的殺手，終將剝奪我們的一切⋯⋯。人類早已視時間的存在為天經地義，戰戰兢兢地活在過去的懊悔、現在的焦慮和對未來的恐懼中。我們好似活在一座無形的牢籠裡，苟延殘喘，等待大限的到來。

《奇蹟課程》的泰斗肯恩博士曾說：「不了解時間，不可能讀懂《奇蹟課程》的。」他引經據典，將散落全書有關時間的解說，梳理出一個完整的思想座標，猶如點睛之龍，又如劃破文字叢林的一道靈光，讓我們一窺《奇蹟課程》的究竟堂奧（究竟義）。此書可說是肯恩留給奇蹟資深學員最珍貴的禮物。**（全書413頁）**

《奇蹟課程誕生》

《奇蹟課程》的來歷究竟有何玄虛？為什麼它選擇經由海倫・舒曼博士來到人間？它的記錄方式及成書過程，與它傳給人類的訊息有何內在關係？有幸親炙此書的我們，又該如何延續奇蹟精神的傳承？

不論你只是好奇《奇蹟課程》的精采傳奇，還是有心以「史」為鑒，窮究奇蹟的傳承精神，本書都提供了最可靠的第一手資料。作者因與茱麗、海倫與比爾等人交往密切，故受這些開山元老之託，冷靜而客觀地梳理《奇蹟課程》的記錄及成書經過，佐以三位奇蹟元老的親筆自白，融鑄成一部信實可徵的《奇蹟課程》誕生史，帶領讀者重新走過五十年前那段精采神奇的心靈歷程。**（全書195頁）**

《飛越死亡的夢境》

本書榮獲美國出版界著名的「活在當下書籍獎」（Living Now Book Awards），全書以嶄新的視角詮釋曠世靈修經典《奇蹟課程》的教誨，為讀者剴切指出「起死回生」的著力點。

作者特別選取在人間每個角落不時作祟的「死亡陰影」入手，揭露小我抵制永恆生命的伎倆。作者以親身的經歷為奇蹟作證，並且提供了極其實用的反省練習，解除我們潛意識中對死亡的恐懼，為百害不侵的生命本質開啟了一扇門，真愛與喜悅得以流過人間，讓奇蹟成為日常生活裡「最自然的事」。**（全書524頁）**

國家圖書館出版品預行編目資料

奇蹟課程釋義：學員練習手冊行旅. 第二冊（41-70課）／肯尼斯 · 霍布尼克博士（Kenneth Wapnick, Ph.D.）著；若水譯 -- 初版 -- 臺中市：奇蹟課程 · 奇蹟資訊中心，民 106.11
面；　公分
譯自：Journey through the workbook of a course in miracles: the study and practice of the 365 lessons
ISBN 978-986-95707-1-8（平裝）
1. 靈修
192.1　　106020552

奇蹟課程釋義
學員練習手冊行旅　第二冊

作　　者　肯尼斯 · 霍布尼克博士（Kenneth Wapnick, Ph.D.）
譯　　者　若 水
責任編輯　李安生
校　　對　李安生　黃真真　吳曼慈
封面設計　林春成
美術編輯　陳瑜安工作室
出　　版　奇蹟課程有限公司 · 奇蹟資訊中心
　　　　　桃園市光興里縣府路 76-1 號
聯絡電話　（04）2536-4991
劃撥訂購帳號　19362531　戶名　劉巧玲
網　　址　www.acimtaiwan.info
電子信箱　acimtaiwan@gmail.com

印　　刷　世和印製企業（02）2223-3866
經銷代理　聯合發行公司
　　　　　電話（02）2917-8022 # 162
　　　　　　　（03）212-8000 # 335

定　價　新台幣 300 元
出版日期　2017 年 11 月初版
　　　　　2022 年 4 月三刷

ISBN　978-986-95707-1-8